仕事も対人関係も

落ち着けば、うまくいく

感情に振り回されないための37のコツ

和田秀樹

CALM YOUR WAY TO SUCCESS

H I D E K I　W A D A

CROSSMEDIA PUBLISHING

はじめに

真面目な人や繊細な人ほど、人前に出ると緊張したり、アガってしまって、本来の実力を発揮できないことがあります。

落ち着くことができれば、もっとうまくできるのに、なぜ頭が真っ白になったり、慌ててしまうのでしょうか？

男女を問わず、こうした悩みを抱えている人はたくさんいると思います。

あなたは、日常的にこんな経験をしていませんか？

①1対1なら落ち着いて話せるのに、大人数を相手にするとうまく話せない
②苦手な相手が目の前にいると、緊張して話がまとまらない
③周囲の人から期待されると、気負ってしまい、自分の実力が出せない
④相手が自分より優秀に思えると、気後れして、しどろもどろになる

⑤予想外の出来事に遭遇すると、動転して自分を見失ってしまう

最近では、不安やイライラ、めまい、不眠などの不調を訴えて、「過緊張」や「不安症」と診断されるビジネスパーソンが増加傾向にあります。

過緊張とは、慢性的なストレス状態が続くことで、交感神経が過剰に優位になり、自律神経のバランスが崩れた状態を指します。

不安症の場合は、漠然とした不安を感じるだけでなく、落ち着かない、疲れやすい、集中できない、イライラする……といった症状が見られます。

仕事が忙しかったり、人間関係で悩むなど、過度な緊張状態が続くと、精神面や身体面にさまざまな不調が起こってしまうのです。

どうすれば緊張せずに、本来の自分でいられるのか？
どうしたら焦らずに、本領を発揮できるのか？

私が本書を執筆した目的は、精神医学や心理学の視点から、気持ちを落ち着かせて、平常心を取り戻し、本来の自分の実力を発揮するための方法をお伝えすることにあります。

緊張しない、慌てない、焦らない、動揺しない……。

本文で詳しく紹介しますが、どんな状況でも、いつも通りの自分でいるためには、心の「仕組み」を理解して、少しだけ考え方を変えることがポイントとなります。

緊張には「いい緊張」と「悪い緊張」がある

緊張すると、心臓がバクバクして、汗が出たり、手足の指先が震えたりします。

こうした変化を自覚すると、焦る気持ちが高まり、頭が真っ白になって、平常心を保つことが難しくなります。

緊張というのは、日常的に誰にでも起こりますが、緊張には「いい緊張」と「悪い緊張」があるのをご存知でしょうか？

このニつを分けて考えることが、落ち着くための第一歩となります。

いい緊張とは、新たなことにチャレンジしたり、チャンスに直面したときに生じる感情の変化を指します。

一般的には、「ワクワク感」や「ドキドキ感」と言い換えることができます。

いい緊張には、**集中力や判断力を高めて、目の前のタスクに対する意欲を刺激し、パフォーマンスを向上させる効果**があります。

オリンピックで金メダルを獲得したスポーツ選手などは、いい緊張を味方につけた典型的なケースといえます。

悪い緊張は、過度の心配や不安、恐怖などが原因となって生じるもので、**思考力や判断力を鈍らせて、パフォーマンスの低下を招きます。**

この状態に陥ると、十分に能力を発揮できないだけでなく、完全に思考や行動が停止してしまうこともあります。

心理学では、緊張とは恐怖や不安を感じたときに、人間の本能が危険を知らせてくれるサイン……と考えられています。

万全の準備を整えていれば、プレゼンや入学試験などに、自信を持って臨むことができますが、準備不足の状態であれば、「これはダメかもしれない……」という不安が先行して、緊張モードに入ります。

悪い緊張の原因は、**「ネガティブな未来が待ち受けている」と考えることから来る不安が大半を占めています。**

過度に緊張すると、肩に力が入ったり、気持ちが焦ったりしますが、逆に緊張感がなさすぎると、ボーッとしたり、集中力がなくなったりします。

どちらの場合も、パフォーマンスが低下することは同じです。

大事なのは、「緊張するか、緊張しないか」ではなく、その緊張が**「どこからくるの**

か？」を見極めて、それに合わせた対策を考えることにあります。
そのためのノウハウをお伝えすることが、本書のポイントとなります。

緊張しやすい人に見られる五つの特徴

初対面の人に会ったり、大事なプレゼンや試験の前には、誰でもが緊張しますが、その緊張の度合いには個人差があります。
他の人と比べて、「自分は緊張しやすい」と感じている人には、次のような五つの特徴が見られます。

①真面目で責任感が強い人

性格的に真面目な人は、何ごとにも真剣に取り組んで、自分一人で責任を抱え込む傾向があります。

「絶対に失敗してはいけない」と自分にプレッシャーをかけてしまうことが、緊張を生み出す原因となり、小さなミスでも動揺してしまいます。

②完璧主義で自分のミスが許せない人

完璧主義の人は、自分の些細なミスも許容できず、**物ごとがイメージ通りに進まないとイライラします。**

「完璧にやらなければいけない」とか、「失敗は許されない」と自分を追い込むことが、緊張を生み出す原因となります。

③ネガティブ思考の人

物ごとをネガティブに考えがちな人は、どんな場面でも、**最悪のケースを想像してしまう傾向**があります。

「失敗するのではないか？」と不安になり、「上手くできるのか？」と考え始めることが、緊張の入口になります。

④周囲の評価を気にしがちな人

周囲の評価を気にする人は、自己肯定感が低く、大勢の人を前にしたスピーチやプレゼンは恐怖の対象となります。

「自分はどう思われるのか？」と考えてしまうことで緊張が始まり、その緊張が不安となって、自分を追い込むことにつながります。

⑤人と会話するのが苦手な人

人と話をすることが苦手な人は、**会話をすることにストレスを感じています。**「うまく話せるか？」とか「失敗してはいけない」と考えてしまうと、緊張して声が震えてしまい、自分でも何を話しているのかわからなくなります。

大事な場面で苦手なことをするため、余計に緊張してしまうのです。

コミュ力を求められることが精神的な負担になる

最近よく使われる言葉である「HSP」(Highly Sensitive Person)の気質がある人も、

緊張しやすいと考えられています。

HSPとは、米国の心理学者エレイン・アーロン博士が提唱した人の気質を表す名称で、日本語では**「極度に繊細な人」**と訳されています。

HSPの人は、五感などの感覚が敏感で、感受性が高いために緊張しやすく、不安やストレスがあると過緊張に陥りやすい……といわれています。

HSPの人には、次のような傾向が見られます。

①他人の気分に振り回されやすい
②些細なことでも、深く考えすぎる
③急激な変化があると動揺する
④周囲の人から「敏感」とか「内気」と指摘される
⑤小さな音や匂いでも気になる

アーロン博士によると、15～20％の人がHSPの気質を持っており、**計算上では5**

人に1人が該当します。

HSPというのは、病気や障害ではなく、あくまでも「気質」ですから、治療や矯正の必要はありませんが、自分に思い当たる節《ふし》があるならば、意識的に心身のバランスを保つ工夫を心がけることが大切です。

現代社会では、コミュ力（コミュニケーション能力）が重視されています。コミュ力とは、本来であれば、自分が言いたいことを、相手にきちんと伝える能力を指します。

欧米社会では、「アサーティブネス」（相手を尊重しながら、自分の意見や要望を伝えるコミュニケーション技術）が重要視されていますが、日本社会の場合は、少し事情が異なります。

現代の日本人に求められるコミュ力は、自分の考えを伝えることではなく、**周りに合わせるためのコミュニケーション能力**です。

自分の考えを相手に伝えるのではなく、自分の意見を後回しにして、相手の考えに寄り添うことが要求されているため、**どうしてもストレスが溜まって、不安が強くなる傾向があり、それが緊張や焦りを生み出す大きな原因**となっています。

本書をお読みいただくことで、どんな場面でも平常心を保ち、本来の自分を取り戻すためのヒントを見つけてほしいと思います。

2024年12月

精神科医　和田秀樹

第2章

「思い込み」や「決めつけ」を捨てて慌てない心をつくる

第3章
感情に振り回されない「自信」の育て方

第4章 うまくいく人がやっている「割り切る」習慣

第1章

緊張する、焦る、不安になる……
心の「仕組み」を知る

平常心を保てないのは、自分の考え方に原因がある

平常心とは、普段通りの落ち着いた心の状態を指します。

平常心を保てれば、緊張するような場面でも、リラックスして本来の実力を発揮することができますが、平常心でいるというのは、意外に難しいことです。

私たちの日常には、感情を高ぶらせる要素があふれているため、ほんの少しのことで、気持ちが落ち着かなくなるからです。

どうすれば、平常心を保つことができるのか？

第1章では、緊張したり、不安な気持ちになる「心の仕組み」（心理メカニズム）に焦点を当てます。

平常心を保てないのは、周囲の人たちに問題があるのではなく、実際には自分の考え方に原因があることがほとんどです。

【心の仕組み①】

目先のことしか見ていない人は、不安になりやすい

人が不安になって、気持ちが落ち着かなくなる一番の原因は、「今のこと」しか考えていない点にあります。

わかりやすい例として、子どもが中学受験を控えた親のケースで紹介します。

子どもが中学受験をする場合、**「落ちたら終わり」**と思い込んでいる親が多いため、塾の成績が悪いとか、模擬試験の結果がパッとしないと、それだけでイライラして、焦り始める人が少なくありません。

こうした親に共通するのは、**「中学受験がすべて」**と思っていることです。

大学の附属校に行かせる場合を除けば、中学受験というのは大学受験の結果を保証するものではありません。

「子どもを一流大学に進学させる」ことが最終目標であるならば、**この時点で一喜一憂したり、絶望的な気分になっても、あまり意味がない**のです。

一流大学に合格させるという本来の目的を叶えるためには、中学受験だけが唯一の戦術ではありません。

中学受験はせずに、小学校の高学年から英語に力を入れておく方法もあります。
中学で学ぶ数学を先取りして、高校受験に力を入れるという方法もあります。
中学受験に失敗したら、高校受験や大学受験で頑張れば、いいだけのことです。
高校受験がうまくいかなければ、大学受験で踏ん張ることでリカバリーできます。

仮に中学受験に失敗しても、その先の選択肢はいくらでもありますが、**目先のことだけですべてを判断してしまうと、絶望感と不安を抱え込む**ことになります。

名門中学にギリギリで入って、周囲についていけずに勉強が嫌いになるよりは、二番手の私立中学で上位にいた方が、いい大学に進むことができることもあります。

不安や焦りを感じている人の多くは、目先のことにとらわれすぎて、自分で気づかないうちに、「不安の沼」にはまり込んでいるのです。

【心の仕組み②】

長期的な視点を持たないと迷子になって右往左往する

不安になったり、気持ちが焦るのは、**「自分がどこを目指しているのか？」**という目標がハッキリしていないことに原因があります。

子どもを一流大学に進学させることが目標であれば、中学受験はあくまでも通過点に過ぎません。

仮に合格できなかったとしても、必要以上に落ち込む必要はなく、次の一手を考えることができれば、前を向いて歩みを進めることができます。

目標が明確であれば、そこに向けて長期的な展望を持つことができますが、自分がどこを目指しているのかわからない状態を続けていると、「迷子」のように右往左往することになり、不安になってしまうのです。

迷子にならないためには、**長期的な視点に立って、物ごとに向き合う**ことです。

目の前の仕事がうまくいかなくても、そこで悩んでモチベーションを下げたのでは、仕事が辛くなるだけです。

次の仕事で成果を出すことを考えて、入念な準備をすればいいのです。

次の仕事で結果を出せば、会社をクビになる心配はなく、大きな成果が出せれば、出世につながることだってあります。

目先のタスク（課題）で頭が一杯になり、パニックに陥るくらいならば、**次のタスクで頑張ろう……と頭を切り替えれば、ネガティブな感情を抑える**ことができます。

これは目の前のタスクから「逃げる」ことでも「先送り」でもなく、**自己防衛のため**

の手段です。

今はできそうもないと思うことでも、後でできるようになればいいわけですから、どうしても無理なものは、**「今は諦める」と割り切って考えればいい**のです。

私は老年精神医学が専門の精神科医ですが、親の介護の問題についても、同じことがいえます。

親の認知症が進むのを目の当たりにして、介護に直面することになり、慌てて右往左往する人がたくさんいます。

実際に介護が始まると、今度は頑張りすぎて、燃え尽き症候群になってしまう人も、少なくありません。

親がある程度の年齢になったら、持続可能な介護プランを立てる必要があり、家族や兄弟姉妹で話し合っておくことが大切ですが、**親の変化に遭遇して、初めて慌てて出す人がほとんど**です。

先のことを考えずに、**今のことばかりを見ていると、落ち着かない気持ちになって、自然と不安になります。**

目先の問題に振り回されて不安になっている人には、先のことに目を向けてみる……という視点が欠けていることが多いのです。

【心の仕組み③】

「欲望」が強い人ほど、不安な気持ちになりやすい

私が精神科医として用いている治療法のひとつに「森田療法」があります。

森田療法とは、精神科医の森田正馬《まさたけ》先生によって創始された精神療法で、不安や恐怖を排除するのではなく、「あるがまま」に受け入れることによって、症状の安定化を目指すという療法です。

森田療法では、**不安が強い人というのは、「欲望」が強い人**と考えられています。

会社の健康診断を受けて、何かの項目で引っかかったら、あなたはどうしますか？

血圧が少し高いとか、尿酸値がわずかに上がったときの反応は、大きく二つに分かれると思います。

「これは大変だ！」と慌てて病院に駆け込む人もいれば、「少しくらい数値が高くても大丈夫だろう」とノンビリと構えている人もいます。

大慌てで病院に行く人は、「健康でなければならない」とか、「すべての数値が正常であるべきだ」と考えていますから、**少しの数値の変化に動揺して、すぐに不安な気持ちになります。**

「多少の問題があっても、気にする必要はない」と考える人は、気持ちが焦ることはなく、不安になることもありません。

森田療法では、**この違いを「生」に対する欲望の差**……と考えています。

「生」に対する欲望が強ければ強いほど、「死」に対する不安が強くなります。

「まだ死にたくない」とか、「死ぬのは怖い」と考えてしまうと、健康診断の結果に動揺して、不安な気持ちになります。

極端なことをいえば、「いつ死んでもいい」と思っている人であれば、死の不安を感じることはないのです。

健康不安というのも、「死ぬのが怖い」という気持ちが根本にあります。

健康不安とは、身体に不調がないにもかかわらず、病気にかかっているかもしれない……と過剰に心配して、その不安が長期化する状態を指します。

「生」に対する欲望が極端に強いことが、不安になる原因の一つといえます。

【心の仕組み④】

少しくらい人に嫌われてもいいと思えば、緊張は和らぐ

入学試験のケースで考えてみると、試験に落ちるのが不安で仕方がない人というのは、絶対に合格したいと思っている人です。

「合格したい」という欲望が強いから、**「不合格になったら、どうしよう……」**という不安を抱え込むことになります。

同じ学校を受験しても、それが「記念受験」（合格する見込みがない、記念のための受験）であれば、緊張や不安を感じることなく、気楽に臨むことができるのです。

健康でありたいとか、希望する学校に合格したいという思いは誰にでもありますか

ら、緊張したり、焦ってしまうことを良し悪しで考える必要はありません。

大事なのは、**自分の欲望が強いから、不安になるのだな……という心の「仕組み」を理解して、前向きな気持ちで不安と向き合えばいい**のです。

その不安にどうしても耐えられなければ、欲望のテンションを意識的に下げることによって、その不安から解放されます。

日本人の場合は、どんなに自意識が過剰な人であっても、**「周囲から嫌われてはいけない」**という強い欲望があるため、少しのことで、不安になったり、焦ったりしがちです。

人から嫌われたくないとか、何ごとも失敗したくない……という欲望が強すぎるため、毎日が緊張や不安の連続になっているのです。

「少しくらい、人に嫌われてもいい」とか、**「たまには失敗することだってある」**と考えることができれば、それに応じて、緊張や不安を和らげることができます。

欲望のテンションを下げるとは、これまでとは違う視点で物ごとに向き合って、少しだけ考え方を変えることを意味しています。

不安や緊張というのは、向こうから勝手にやってくるものではありません。

自分の気持ち次第、考え方次第で、どのようにでも自由にコントロールできるものなのだ……と知っておくことが大切です。

【心の仕組み⑤】

情報過多の現代では、知りすぎることが不安につながる

インターネットやＳＮＳの普及によって、現代は情報過多の時代になっています。便利になった一方で、新たな問題も起こっています。

情報を知りすぎることで、考えることが多くなり、どうしても不安になってしまう傾向があることです。

例えば、ネット上には無数の健康情報がアップされていますが、間違った情報や、最新の科学で否定されている古い情報がアップデートされないまま掲載されていることが少なくありません。

そうした情報に振り回されて、不安を抱え込む人が増えているのです。

具体的な事例として、あなたは次のような健康情報を信じていないでしょうか？

・タマゴを食べるとコレステロール値が高くなる
・マーガリンはトランス脂肪酸が多いから食べてはダメ
・長生きするためには低脂肪の食事を心がける

これらの健康情報は、すべて最新の研究で否定されているものばかりですが、現在でも、意外と信じている人が多いように思います。

ネット上では、海外の医学論文や数値データなどを引用して「エビデンスがある」などと紹介されているため、多くの人が知識として知っているものの、**その大半は新たな研究成果が追加されていない**のが現状なのです。

現在の日本には、「これを食べたら身体に悪い」とか、「これを飲んだら害がある」という情報が氾濫しているため、**情報が少ない時代であれば、心配しなかったようなことまで気にする**ようになり、情報を知った途端に心配になって、不安を高めているといえます。

【心の仕組み⑥】

「かくあるべし」「二分割」「勝ち負け」思考が不安を生む

緊張したり、不安になるなど、気持ちが落ち着かなくなる原因は、「思考習慣」も大きく関係しています。

自分の思考習慣がバイアス（先入観や偏見）となって、不安や緊張を生み出しているのです。

次のような三つの考え方が、その典型的なパターンといえます。

思考習慣①かくあるべし思考

かくあるべし思考とは、物ごとを「こうあるべき」と決めつけて、それに反することは許さないという偏《かたよ》った考え方を指します。

「いくら体調が悪くても、会社を休むべきではない」とか、「仕事が終わらなければ、残業するのが当たり前」など、自分が「こうあるべき」と考える価値観で自分を縛り、他の人にもそれを強要するのが、この思考習慣の特徴です。

かくあるべし思考の人は、**自分が思っている通りに物ごとが進まないと、急に焦り出して、不安な気持ちになります。**

世の中は予定調和で回っているわけではありませんから、「この道もあるけど、あの道もある」など、他の可能性や選択肢を考える習慣を身につける必要があります。

思考習慣②二分割思考

二分割思考は、物ごとを白か黒か、善か悪か、成功か失敗かなど、二者択一のどちらかで判断する考え方です。

「会社に行くのは善」で「行かないのは悪」など、あらゆることを二分割で考えてしまうと、選択肢が一つしかなくなるため、自分に我慢を強いることになります。**その我慢がストレスとなって、緊張や不安を誘発する**のです。

二分割思考を続けていると、ストレスが蓄積するだけでなく、視野が狭くなるため、仕事もうまくいかず、人生を楽しむことができなくなります。

「この方法がダメだったら、あの方法を試してみよう」など、柔軟な考え方をすることが大切です。

思考習慣③勝ち負け思考

勝ち負け思考とは、「いつも相手に勝っていたい」とか、「何ごとも負けたくない」など、勝ち負けが基準になっている考え方を指します。

勝ち負けで物ごとを考える人は、**「失敗したら負け」と思っているため、何をやる場合でも緊張しがち**です。

一番の問題点は、人を思いやることができないため、勝てば傲慢になり、負ければ相手を怨んだり、憎んだりして、周囲から孤立することです。

負けることに対する恐怖から、毎日が不安の連続になってしまうこともあります。

これらの三つの思考習慣に共通するのは、**考え方が極端な方向に偏ることによって、視野が狭くなっている**ことです。

「他の選択肢はないか？」という視点を持つことができれば、自然と不安や恐怖から解放され、緊張や焦りを手放すことができるのです。

【心の仕組み⑦】

人目を気にして不安になるのは「自意識過剰」が原因

緊張や不安、焦りというのは、「人目を気にする」ことでも起こります。

人目を気にするとは、周囲の人から、「どう見られているか？」、「どのように評価されているか？」を意識している状態を指します。

「こんなことを言ったら、頭が悪いと思われるのではないか？」とか、**「もしかしたら、嫌われるのではないか？」**という思いが浮かぶことが、緊張や不安、焦りなどの原因になります。

別の視点から見れば、周囲の人から**「頭がいい人」**や**「優しい人」と思われたい気持ちが強いから、人目を気にしてしまう**……ことになるのです。

人目を気にする人には、次のような傾向が見られます。

①自意識が過剰
②自己肯定感が低い
③自分に自信が持てない
④プライドが傷つくことを恐れている
⑤他人から嫌われることが怖い

人目を気にする人というのは、周囲の人の気持ちや考えを優先することで、「いい人」とか「頭のいい人」と思われようとしますが、**そうした思惑通りにはいかないことが、緊張や不安を増幅させる**ことになります。

その原因は、自分が思っているほど、周囲の人はこちらを見ていない……ということに気づいていない点にあります。

つまりは、自意識過剰なことが、大きく関係しているのです。

人というのは、こちらが思っているほど、他の人のことを見ていません。**自分が勝手に「見られている」と思い込んでいるだけ**で、自分のことで精一杯な人が多いため、見ているようでいて、実は見ていないことがほとんどなのです。

講演会などに呼ばれた際に、私は簡単な実験をすることがあります。

「なぜ人目が気になるのか？」といったテーマについて話しながら、パッとネクタイを上着で隠して、聴衆のみなさんにこう問いかけてみるのです。

「私のネクタイの色を覚えていますか？」

この質問に明確に答えられる人は、滅多にいません。

講演会の「主役」であっても、このくらいの認識ですから、日常的な接触で他の人が自分に関心を持っていると考えるのは、自意識過剰であるだけでなく、**自信過剰ともいえます。**

「いい人に見られたい」という欲望が、緊張や不安を引き寄せているのです。

【心の仕組み⑧】

恥ずかしい姿を見せたくないから自分らしく振る舞えない

人目を気にする人は、「自分を良く見せたい」とか、「賢く見られたい」という欲望が強い人といえますが、その思惑通りに周囲の人たちが受け取ってくれるとは限りません。自分が勝手に思い込んでいるだけで、相手は何も感じていなかったりするケースが意外と多いのです。

日本人には、学歴や職業だけで「あの人は賢いに違いない」と考える傾向がありますから、賢いフリを装っていれば、ある程度は勘違いをしてくれるかもしれませんが、そんな一過性の評価を受けたところで、承認欲求が満たされることはありません。

人目を気にして、焦ったり、不安になっても、期待したほどの効果は得られない……

と考えることが大切です。

裕福な人に見られたいと思って、高価なブランド品を買ったり、高級車に乗ることにも、同じことがいえます。

本当に裕福な人は、大金持ちに見られる必要がありませんから、好みのバッグを持って、好きなクルマに乗っています。

ほとんどの人は、そうしたことを知っていますから、どんなに見栄を張ったところで、**「自己満足」以上の効果は手に入らない**と考える必要があります。

周囲の人の受け取り方が、自分が考えている方向に向かうとは限りません。

焦ったり、緊張したりすることが、自分が勝手に満足するためであるならば、それは完全な「独り相撲」であり、虚しい努力ということになります。

社会心理学では、人目を気にすることには、メリットとデメリットの両方があると考えられています。

メリットは、周囲の目を気にすることによって、自分を律することができるため、タスクの遂行が早くなって、作業効率が高まることです。

この効果は**「社会的促進」**と呼ばれています。

逆にデメリットとなるのは、人目を気にすることによって、失敗を恐れる気持ちが強くなり、過度に緊張してしまうため、**より失敗しやすい状況を、自ら作り出してしまう**ことです。

「人に恥ずかしい姿を見せたくない」という思いが強くなると、自分らしく振る舞うことができなくなって、焦りや不安を抱え込むことになります。

人目を気にすることには、メリットとデメリットがある……と認識した上で、上手に活用すれば、ムダな緊張や不安に悩まされず、前向きな行動を取ることができます。

【心の仕組み⑨】

相手が自分よりも優秀だと委縮してしまう

会社や学校などで、周囲の人が自分より優秀だなと感じて焦ったり、不安になったりすることがあります。

中学受験の例でいえば、算数ができて国語ができない子と、国語ができて算数ができない子がいると、算数ができる子の方が「頭がいい」というイメージがあるため、算数ができないと、何となく気後れを感じてしまうものです。

こうした思い込みによる不安は、明らかな勘違いといえます。

受験というのは、各科目の合計点で決まりますから、いくら算数ができたところで、必ず合格するとは限りません。

これは受験だけの話ではなく、私たちの日常でもよくある話です。何か飛び抜けた成果を出していると、「あの人は優秀だ」と認識されがちですが、たまたま会社の方針と合っていたから出世しただけ……ということもあります。

目立つものだけで判断して、不安になったり、焦る必要はないのです。

相手の優秀さを見て萎縮するくらいならば、自分自身に目を向けて、「何か優れている点はないか？」と探してみることが大切です。

すべての点で劣っているということは意外にありません。

どんなことでもいいから、探せば何か一つは見つかるはずです。

誰よりも企画書の本数が多いとか、アポ取りが上手いでもいいと思います。

仕事面で見つからなければ、誰よりも趣味を楽しんでいるとか、友人の数が多いでもいいのです。

大事なのは、自分の「いい面」に目を向けることによって、自己肯定感を高めるだけでなく、ポジティブな気持ちを手に入れることです。

自分が得意なことや、ものすごく好きなこと、興味や関心が高いものを持っていると、他のことが意外と気にならなくなります。

他の人と比較して、焦ったり、不安になるのではなく、自分のいい面を伸ばしていく工夫をすることが、気持ちを落ち着かせることになるのです。

【心の仕組み⑩】

「理系」の人が「文系」の人より焦らない理由

人の考え方には、**「文系思考」**と**「理系思考」**の二種類があります。

文系思考とは、人間関係やコミュニケーションを重視して、言葉の意味を深くとらえ、物ごとの背景や感情的な部分にも目を向ける考え方を指します。

一方の理系思考とは、データやエビデンス（客観的な根拠）を重視して、論理的に筋道をハッキリさせる考え方のことをいいます。

一般的に、「理系は論理的に考え、文系は直感的に考える」といわれますが、私は文系の人よりも理系の人の方が不安になったり、焦ったりすることが少ない傾向にある……と考えています。

その理由は、理系の人には、**「実験は失敗するものだ」**という考え方が前提にあり、いくら失敗を重ねても、最後に成功すればいい……という発想ができるからです。

日本の学校教育では、高校を卒業するまでは失敗するような実験をさせてもらえないのが現状ですが、大学で理系に進むと、さまざまな実験を通して**「成功とは、失敗を積み重ねた先にある」**ということを学びます。

もちろん個人差はありますが、こうした経験があるから、理系の人は少しの失敗で慌てたり、焦ったりする人が少ない傾向にあると考えています。

例えば、ロケットの発射実験に失敗した映像がテレビで放送されると、理系の人は、「成功に向かって歩みを進めている段階だな」と解釈しますが、放送では「日本がまた失敗した」という深刻なトーンの扱いになります。

これはテレビ局のスタッフの大半が、私立文系出身者であることが関係しているように思われます。

理系と文系という区分けに明確なエビデンスがあるわけではなく、あくまでも性格的にどちらかの傾向が強いか……ということですが、**文系思考の人よりも理系思考の人の方が、失敗やアクシデントに対する「耐性」がある**といえます。

第1章のまとめ

◎緊張したり、不安な気持ちになる心の仕組み

①目先のことしか見ていない人は、不安になりやすい
②長期的な視点を持たないと迷子になって右往左往する
③「欲望」が強い人ほど、不安な気持ちになりやすい
④少しくらい人に嫌われてもいいと思えば、緊張は和らぐ
⑤情報過多の現代では、知りすぎることが不安につながる
⑥「かくあるべし」「二分割」「勝ち負け」思考が不安を生む
⑦人目を気にして不安になるのは「自意識過剰」が原因
⑧恥ずかしい姿を見せたくないから自分らしく振る舞えない
⑨相手が自分よりも優秀だと委縮してしまう
⑩「理系」の人は「文系」の人より焦らない

第2章

「思い込み」や「決めつけ」を捨てて
慌てない心をつくる

平常心を保てない原因は「準備不足」にある

精神科医の視点で見ると、緊張したり、不安になる人には、「緊張や不安を恐れているわりには、何の対策もしていない」という共通点があると考えています。

平常心を保つための「準備」が不足しているから、すぐに動揺して、気持ちが落ち着かなくなっているのです。

第2章では、多くの人に共通する**「不安になる五つの準備不足」**に焦点を当て、それを改善するための具体策を三つのステップに分けてお伝えします。

慌てない心を作るためには、気持ちが動揺してしまう理由を理解して、日常的な行動や考え方の「クセ」を見直すことが大切です。

大事なポイントは、自分の**「思い込み」や「決めつけ」に気づく**ことにあります。

【準備不足①】

事前に「解決策」を用意していない

気持ちが落ち着かない人には、**不安が強いわりにソリューション（解決策）を用意していない**という傾向が見られます。

心配事があるならば、その心配を払拭する方法を事前に考えることが大切ですが、そこに目を向けていないため、余計に心配が大きくなってしまうのです。

その顕著な例といえるのが、がん検診との向き合い方です。

がん検診というのは、がんを「早期発見」するためにあります。

進行する前にがんを見つけて、素早く治療を始めることで、命を守ることが一番の目的ですから、**「がんが見つかるかもしれない」ことを前提にする**必要があります。

この前提を考えずに、不安になっている人が多いのです。

「がんで死にたくない」と思うならば、最悪のケースを想定して、「どこの病院で、どんな治療を受けるか？」というソリューションを用意しておけば、本来の目的を果たすことができますが、それを想定しないまま、検診の結果に一喜一憂している人が意外に多いように思います。

こうした人に共通するのは、がん検診を**「がんの不安を払拭するためのもの」と思い込んでいる**ことです。

「がんではないことを確かめたい」という思いだけで検診を受けている人は、がんが見つかるとパニックになりがちです。

何の準備もしていない状態のため、目についた病院に駆け込んで、意に沿わない治療方針に直面して心身ともに疲弊する……というのが典型的なパターンといえます。

万が一の事態を想定して、自分のできる範囲でソリューションを用意しておけば、少なくとも、極端なパニックに陥るリスクは回避することができます。

結果ばかりを心配して、その先のことに目を向けていないと、不安と焦りに悩まされることになるのです。

【準備不足②】

「準備」や「リハーサル」をしていない

プレゼンやスピーチなど、人前で話すことが苦手な人も多いと思います。

「人前で話す」と考えただけで緊張したり、一度でも頭が真っ白になった経験があると、苦手を通り越して、恐怖を感じる人もいます。


人前で話すことは、誰にとっても緊張する行為です。

緊張を和らげるためには、人前で話す機会を増やして「場慣れ」することが大切ですが、多くの人が見逃している大事なポイントがあります。

人前で話すことが苦手な人に限って、**準備やリハーサルを怠っている**のです。

43歳の若さでアメリカ大統領になったジョン・F・ケネディは、「演説の達人」と呼ばれていましたが、実際は学者肌の口下手な人だったといいます。

口下手なケネディが、全米を熱狂させるような演説ができた理由は、**入念な準備とリハーサルにあります。**

ケネディ大統領には、弁護士で作家のセオドア・C・ソレンセンという優秀なスピーチライターがいたことは有名な話ですが、ケネディは一言一句を慎重に吟味するだけでなく、服装や髪型、表情や身振り、口調や姿勢にいたるまで、考えられるすべての準備を整えて演説に臨んでいたといいます。


ここまで厳密な準備はできなくても、プレゼンやスピーチの前に、職場の同僚や友人の前で、簡単なリハーサルをするくらいは、誰にでもできることです。

人前で話すことに苦手意識を持っているわりには、何の準備もせずに、**「ぶっつけ本場」とか「出たとこ勝負」の人が多い**のではないでしょうか？

プレゼンやスピーチに不安があるならば、事前に原稿を準備して、何度もリハーサルを繰り返せば、自然と自信が湧いてくるものです。

少なくとも、頭が真っ白になる事態は避けることができます。

【準備不足③】

正確な情報で判断していない

テレビやSNSには、不安を煽《あお》るような情報ばかりが氾濫しており、安心材料を与えてくれる情報というのは、意外に少ない傾向にあります。

情報過多の現代社会では、何が正確な情報なのかを見抜く「情報リテラシー」を高めることが、心の安心につながります。

情報リテラシーとは、情報を正しく読み取って、その信頼性を判断し、正確な情報に基づいて意思決定を行う能力を指します。

世の中には、扇情的な情報があふれていますから、**「何が正しい情報なのか？」を冷静に見極める目を養っていかないと、不安や焦りに悩まされる**ことになります。

例えば、世の中には「血圧が高いと脳卒中になる」と信じている人がたくさんいますが、これは必ずしも正確な情報ではありません。

日本の医師は、少しでも血圧が高いと、すぐに血圧を下げようと考えて降圧剤を処方する傾向がありますが、**そこに明確なエビデンスは存在していない**のです。

アメリカで実施された有名な追跡調査のデータを紹介します。

最高血圧170の人が、薬を飲んだ場合と飲まなかった場合で、6年後にどのくらい脳卒中になるか……を調べたものですが、薬を飲まずに脳卒中になった人が「8・2%」で、薬を飲んでいても脳卒中になった人は「5・2%」という結果でした。

つまりは、**薬を飲まなくても、9割以上の人が脳卒中になっていない**わけです。

こうしたデータがあるにも関わらず、日本の医師は血圧が高いというだけで、条件反射的に降圧剤を処方する傾向があります。

それを素直に受け入れて薬を飲んでも「5・2%」の人は脳卒中になるだけでなく、

血圧が下がったことで、頭痛や耳鳴り、不整脈や不眠に悩まされる人もいます。

薬を飲むことによって、「8・2%」を「5・2%」に下げることには、確かにメリットがありますが、薬には副作用というデメリットもありますから、いかに医師のアドバイスとはいえ、鵜呑みにするのは早計な判断といえます。

ネット全盛の時代ですから、賢くそれを利用して正確な情報をキャッチする工夫を続けることが、自分の身を守ることになり、それが不安の解消にもつながります。

【準備不足④】

確率で物ごとを考えていない

人が不安になる要素の一つに**「予期不安」**があります。

予期不安とは、何かよくない出来事があると、「また同じことが起こるのではないか？」と考えて、不安や恐怖に悩まされる感情のことです。

日本には、「二度あることは三度ある」という言い伝えがありますから、**一度でもトラブルに見舞われると、警戒心が募って、不安になる人が多い**ようです。

ここ数年の例でいえば、高齢者が運転するクルマが事故を起こしたら、危ないから高齢者に運転免許証を返納させろ……という動きなどが象徴的です。

交通事故を起こしているのは高齢者に限ったことではありませんが、テレビやネットのニュースで大々的に取り上げられるため、過剰反応している人が多いのです。

こうした反応を示す人の共通点は、**確率で物ごとを考えていない**ことです。

高齢者で交通死亡事故を起こす人は、2万人に1人といわれています。確率にすると「0・005%」のことですが、一人の高齢者が事故を起こしたからといって、残りの「1万9999人」に免許返納を迫るというのは、少し行き過ぎた考え方といえます。

予期不安が強い人というのは、**起こる確率が極端に低いことを、深刻な気持ちになって心配している人が多い**のです。

墜落事故が心配だから飛行機に乗れないという人にも、同じことがいえます。

文部科学省による1983〜2002年の国内事故統計に基づく推計によれば、一人の人が今後30年以内に航空機事故で死亡する確率は「0・002%」だそうです。

交通事故で死亡する確率は「0・2%」ですから、飛行機事故で亡くなるリスクは、自動車事故の100分の1以下となります。

精神科医としては、あまりにも起こる確率が低いことを心配しすぎる人は、何らかの病気を疑ってしまいます。

人には**「無視できる確率」**というものがあります。

無視しなければ生活が成り立たなくなるような確率のことは、心配したところで、どうにもならない……と考える必要があるのです。

【準備不足⑤】

別の視点から物ごとを見ていない

私が精神科の治療で用いている治療法に「認知療法」があります。

認知療法とは、本人が自分の思考の偏りを「認知」することによって、うつ病やパニック障害などの症状を改善する……という精神療法です。

認知療法では、「別の視点を持つ」ことが基本的なアプローチ法の一つですが、**別の視点を持つことは、不安や焦りの軽減にも効果があります。**

別の視点を持つというのは、別の可能性を考えてみることですから、それだけソリューションを見つけやすくなり、懸念材料の解消に役立ちます。

逆の見方をすれば、別の視点が持てないと、ソリューションを見つけられず、不安や焦りを抱え込んだままの状態が続いてしまうのです。

現在、文部科学省を中心として、全国の小中学校で取り組んでいる「いじめ自殺問題」を例にあげて、別の視点を持つことの大切さをお伝えします。

日本の学校関係者は、いじめをなくすことばかりに目を向けて、「学校では悪口はダメ」とか、「ニックネーム禁止」といった対策を講じていますが、こうした対策にどこまでの効果が期待できるのか、私は疑いの目で見ています。

いじめをする子は、悪口やニックネームを禁止したところで、いじめをやめるとは思えません。

いじめをなくすことが重要な課題であるのはもちろんですが、**もっと大事なのは、いじめによる自殺者を出さないこと**です。

いじめにばかり目を向けるのではなく、別の視点に立って、問題解決の糸口を掴む必要があります。

具体的には、**「いじめられたらどうするか？」というソリューションを子どもたちにきちんと伝える**ことです。

「スクールカウンセラーに相談してみるといいよ」とか、「我慢してまで学校に来なくてもいい」、「転校するという選択肢もある」と教えてあげれば、問題解決の糸口が見つかって、いじめ自殺という最悪のケースを防げる可能性があります。

そこを徹底せずに、**表面的な対策ばかりを繰り返しているから、残念な事故が後を絶たない**のだと思います。

目先の問題だけに目を向けたのでは、不安や心配を解消するのは難しくなります。広い視野を持って、あらゆる角度から問題の本質を考えることが重要です。

心を落ち着かせるための三つのステップ

緊張や不安など、気持ちが落ち着かなくなる原因には、さまざまな要素が関係していますが、物ごとに対する向き合い方を変えることで、緊張や不安を未然に防いだり、緩和することができます。平常心が保てなくなる原因を、改めて確認しておきます。

【原因①】事前に「解決策」を用意していない
【原因②】「準備」や「リハーサル」をしていない
【原因③】正確な情報で判断していない
【原因④】確率で物ごとを考えていない
【原因⑤】別の視点から物ごとを見ていない

どうすれば、これらの原因を取り除くことができるのか？
心を落ち着かせるための具体的な方法を、三つのステップに分けて紹介します。

誤った「先入観」を変える

緊張や不安が生まれるのは、**自分勝手な「思い込み」や「決めつけ」が発端となっているケースがほとんど**です。

心を落ち着かせるためには、自分の考えや行動の前提となる「先入観」を疑ってみることが最初のステップとなります。

対策①想定外の範囲を狭める

想定外の出来事が起こると、誰でも慌てるものですが、当然予想できることに対して何も準備をしていないため、いきなり慌て出す人が少なくありません。

本来ならば「想定内」にできることを、「想定外」にしてしまうことで、不安になっているのです。

がん検診を受ければ、1～2割の確率でがんが見つかります。
ボケが怖いと思っても、85歳になれば4割の人がボケます。
こうした現実を直視せずに、**「自分だけは特別」と考えていると、問題が発生したときにパニックに陥ります。**

当たり前の確率で、自分にも起こり得る……と考えることが、パニックを回避するための第一歩となります。

起こる確率が高いことに対して、不安や混乱を防ぐためにあるのが「保険」です。
がん検診を受けて、がんであることがわかったら、「どこの病院で、どんな治療を受けるか？」というソリューションを考えておくことが大切……とお伝えしましたが、がん保険に入っておけば、安心して素早く治療を受けることができます。

認知症が心配ならば、「ボケたらどうしよう」と悩むのではなく、「どこの老人ホームに入れば安心できるか？」というソリューションを準備しておいて、介護保険を有効活用することを考えればいいのです。

保険というのは、万が一の事態に備えるだけでなく、安心と安全を担保するためにあると考えて、**平常心を保つための安心材料として活用する**ことが大切です。

本当に想定外の出来事が起こったら、その場で考えるしか方法がありませんが、想定内にできることを想定せず、想定外のままにしていると、不安が増すばかりです。

私は**身の回りで起こることの「99％」は、想定できる**と考えています。

想定できることを、想定外にしてしまうのは、自分の考え方に「甘さ」があると認識して、想定外の範囲を狭めていく必要があります。

対策②「いい楽観主義」になる

人間は楽観主義と悲観主義の両面を持っています。

この二つは経験やスキル、向き合う事柄などによって、行ったり来たりを繰り返しますが、楽観主義の方が悲観主義よりも心が落ち着きやすい傾向にあります。

楽観的に考えることが、緊張や焦りを生まない秘訣といえますが、楽観にも「いい楽観」と「悪い楽観」があります。

できるだけ「いい楽観」を意識することが、平常心を保つことに役立ちます。

いい楽観とは、どんなことでも**「いい方向に向かうはず」**と肯定的に捉えて、ネガティブな要素があっても、不安や心配に押し潰されず、前向きな気持ちでチャレンジできるマインドを指します。

悪い楽観とは、**「うまくいくに決まっている」**と自分勝手に思い込んで、その後のことを何も準備せず、失敗して初めて慌てて出すような考え方をいいます。

大事なポイントは、いい楽観主義を目指せば、仮にチャレンジに失敗しても、そこで落ち込んでしまうのではなく、次のチャレンジに挑戦できることにあります。

一度くらい失敗しても、何度かやっているうちに必ずうまくいく……と考えることができれば、気持ちが安定して、前向きに物ごとと向き合うことができます。

対策③失敗を「織り込み済み」にする

緊張したり、不安になる人には、「失敗」を極度に恐れる傾向があります。

10代半ばから20代前半の若い世代を中心として、日本人に多く見られる「社交不安障害」（ＳＡＤ）なども、失敗を怖がる気持ちが原因の一つと考えられています。

社交不安障害とは、周囲の視線が必要以上に気になって、不安や恐怖感が強くなり、手の震え、赤面、発汗、動悸《どうき》、呼吸困難などの症状が現れる精神疾患です。

こうした症状が出ると、人前を避けるようになり、日常生活や社会生活に支障が出てしまいますが、**「人前で恥をかきたくない」という思いが極端に強すぎると、自律神経のバランスが崩れてしまう**のです。

日本人には、責任感が強く、完璧主義の人が多いため、失敗に対して過剰反応する気質がありますが、緊張や不安を回避するには、一度の失敗を恐れるのではなく、**「最終的に成功すればいい」**と発想を転換する必要があります。

そのためには、**失敗を「織り込み済み」にする**ことが大切です。

織り込み済みとは、先のことを予想して、前もって予定や計画に入れておくことを意味します。

事前に「失敗する可能性もある」と考えておけば、実際に失敗しても、極端にショックを受けたり、動揺する事態は避けられます。

大事なのは、「どんなことにも失敗はある」と考えて、失敗の先にある「成功」を手に入れるためには、何をすればいいのか……と考えて、準備を進めておくことです。

失敗というのは、**失敗することに問題があるのではなく、そこで諦めてしまうことが一番の問題**なのです。

心を落ち着かせるステップ2

誤った「考え方」を変える

緊張したり、不安な気持ちになるのは、物ごとに対する考え方の「偏り」も大きく関係しています。

自分の考えや行動の前提となる「先入観」の見直しを図ったら、次のステップでは、自分の考え方の「クセ」を点検してみることが大切です。

対策④「緊張は悪いことではない」と考える

すぐに緊張してしまう人は、どうしても**「緊張してはいけない」**と考えがちですが、緊張することが悪いわけではありません。

緊張していないと、ケアレスミスが多くなったり、パフォーマンスが上がらなくなったりしますから、緊張を怖がる必要はないのです。

問題なのは、緊張することではなく、**過度に緊張すること**です。
過度な緊張というのは、交換神経が活発になりすぎている状態ですから、胸がドキドキするとか、冷や汗が出たりします。

これが「過緊張」といわれるもので、人前に出るとパニックになったり、仕事や勉強が手につかなくなったりします。

パニック状態になると、自分の力ではどうにもなりませんから、精神安定剤を服用することで落ち着きを取り戻せますが、ごく当たり前の緊張レベルであれば、必要以上に恐れることはありません。

「緊張してはいけない」と考えると、それだけで余計に緊張することになります。
過度な緊張状態でない限り、「緊張してはいけない」と考えないことが、平常心を保つための近道となります。

対策⑤「考えたくない」ことを考える

プレゼンやスピーチなど、人前で話す機会があると、誰でも「どんな内容を相手に伝えるか?」を考えますが、**ほとんどの人が、この段階で思考を停止させています。**

自分が話す内容が決まれば、それで十分と考えがちですが、ここで考えることをストップさせてしまうと、緊張や不安を招くことになります。

プレゼンの場合であれば、誰に対して、どんな話をするかを考えるだけでなく、「相手は何を求めているのか?」、「この話を聞いて、どんな反応をするか?」、「こんな話も必要ではないか?」など、相手の立場に立って、内容を検討する必要があります。

スピーチも同様ですが、**自分が言いたいことだけを相手に伝えようとするから、失敗することが頭に浮かんで不安になり、緊張してしまう**のです。

プレゼンやスピーチをする際は、うまくいくシミュレーションだけでなく、**失敗するシミュレーションをしておくことが大切**です。

失敗のシミュレーションは、できれば考えたくないことかもしれませんが、自分が考えたくないことを考えておくことが、本来のシュミレーションなのです。

対策⑥「理屈通りにいかない」と考える

うまくいくシミュレーションを考え、失敗するシミュレーションを考えたら、その次には「物ごとは理屈通りにいかないこともある」と想定しておくことが、平常心を保つのに役立ちます。

あれこれと考えていると、**「理屈通りにいくはず」と思いがちですが、それは自分が勝手に期待値を上げているだけのこと**です。

自分ができる限りの準備を整えたら、あとは「運に任せる」くらいの気持ちでいることが大切です。

私が尊敬する『バカの壁』の著者で東大名誉教授の養老孟司先生は、いつも**「世の中は理屈通りにはいかない」**と言い続けておられます。

「理屈通りにいかない」というのは、「世の中に絶対はない」ということであり、「他の可能性も考えられる」ことを意味しています。

他の可能性があるにもかかわらず、絶対があると思ってしまうから、失敗することが怖くなってしまうのです。

対策⑦頭の中だけで考えを整理しない

人前で話をするとき、言いたいことがたくさんあるのに、緊張してうまく整理できない……という人も少なくありません。

言いたいことがたくさんあっても、**思うように話がまとまらないため、焦る気持ちが緊張に拍車をかけてしまう**のだと思います。

精神科の世界では、躁《そう》病などになって、考えがいろいろ浮かんでまとまらない状態を「観念奔逸」といいますが、そこまで病的でなければ、言いたいことがたくさんあること自体はいいことですから、問題はそれを活かせないことにあると考える必要があります。

いちばん簡単な解決法は、手書きのメモでも、パソコンやスマホに打ち込むのでもいいから、**目に見える形で自分の考えを書き出してみる**ことです。

自分の頭の中だけで整理しようとすると、相当に優秀な頭脳の持ち主であっても、意外と考えがまとまらないものです。

自分は頭がいいと思っている人でも、こればかりは自信過剰にならない方がいいと思います。

日頃から、備忘録のようにメモすることを習慣にすれば、人前で話すときでも焦ることなく、気持ちを落ち着かせることができます。

対策⑧苦手なことは「スキップ」する方法を考える

自分が得意でないことや、苦手な仕事をするときには、不安になったり、焦る気持ちになるものです。

日本人は真面目ですから、**「すべて自分がやらなければならない」**と考えがちですが、会社で働いているならば、無理して我慢を続ける必要はありません。

会社というのは、誰かが体調不良で休んでも、何ごともなく回るものです。

苦手な仕事を頼まれたら、スキップする方法を考えてもいいと思います。

上司に対して、素直に**「自分には難しそうです」**と言ってもいいし、**「あの人にお願いできないでしょうか？」**と相談してもいいのです。

自分のプライドや上司の評価を気にするよりも、「無理なものは無理」と主張した方が、仕事がうまく回ることも少なくありません。

オーストリアの心理学者アルフレッド・アドラーが提唱したアドラー心理学の中に**「課題の分離」**という考え方があります。

課題の分離とは、目の前にある課題に対して、自分の課題と人の課題を分けて考える……という理論です。

苦手な仕事をするのは、自分の課題ですが、それを評価するのは上司の課題です。「仕事をスキップすると評価が下がるかもしれない」と心配しても、評価するのは上司ですから、自分ではどうすることもできません。

次の仕事で成果を出せば、上司の評価も変わりますから、苦手なことで悩むくらいなら、**「得意な仕事に全集中する」**と頭を切り替えた方が、合理的に仕事と向き合うことができるのです。

心を落ち着かせるステップ3

誤った「行動」を変える

緊張や不安、焦りを静めるためには、日常的な行動を冷静に見つめ直すことも大事な要素となります。

自分で気づいていないだけで、「思い込み」や「決めつけ」で行動していることが、意外に多いことがわかります。

対策⑨「10割」を目指さない

日本人には「完璧主義」の傾向がありますから、どんなことでも「100%」を目指しがちですが、**世の中に完璧なるものは存在しません。**

プロ野球選手であれば、打率が3割を超えると一流打者と呼ばれることは、誰でも知っていますが、なぜか自分のことになると「10割」を狙ってしまうのです。

すべてのことで10割を目指してしまうと、完璧でなければ気が済まなくなって、少しのミスや失敗でも不安になり、焦る気持ちが芽生えます。

完璧主義の人ほど、**「あの人ができているのに、なぜ自分はできないのか……」と比較で考えてしまう**ため、すぐに落胆してしまう傾向が強いようです。

自分の目には「10割バッター」に見えても、そんな人は滅多にいません。

圧倒的に仕事ができる人であっても、目に見える成果が大きいだけで、すべてのタスクに成功しているわけではありません。

異性にモテモテの人であっても、100%の人から好かれていることはなく、目立つ異性とつき合っているから、羨ましく思っているだけのことです。

大事なのは、10割バッターを目指すのではなく、仮に1割でもいいから、**打席に立ち続けること**です。

10回に1回でもヒットが出れば、それがホームランでなくても気分が晴れます。「三振してもいいや」と思って打席を増やしていけば、いずれどこかでホームランが出る可能性もあります。

プロ野球選手であれば、打率1割の打者をスタメンに起用することはありませんが、幸いなことに、**自分の監督は自分自身**です。

完璧を目指さず、打率1割でもいいから打席に立ち続けることが、平常心を保つことにつながります。

対策⑩迷ったら、たくさんの意見を聞く

仕事のアイデアが浮かばないとか、提案の内容がまとまらなかったりすると、誰で

も焦り始めて不安になります。

周りの人に相談したり、信頼できる先輩に話を聞きに行くなど、さまざまな方法があると思いますが、人に意見を聞くならば、**できる限り多くの人の見解を集めた方が後々の安心につながります。**

いくら信頼できる先輩であっても、その人の考えがいつも正しいとは限りません。日本人には、たくさんのチャンネルで物ごとを判断するのが苦手な人が多いため、信頼できる人の意見を鵜呑《うの》みにして安心する傾向がありますが、**アドバイスというのは、数多く集めることが鉄則**です。

「本当に正しいのか?」と考えてしまうと、不安を払拭することはできませんから、アドバイスは一つや二つではなく、最低でも10個くらい集めることが大切です。

それを比較検討することで、自分が「妥当」と思えるものを選ぶ習慣を身につけることが、平常心を保つことに役立ちます。

医療の世界には「セカンドオピニオン」という考え方が定着していますが、日常生活でも、異なる意見が大事なことは同じです。
その繰り返しが、安心と安全を担保することになるのです。

対策⑪失敗したら別の方法を試す

仕事で何か失敗をすると、次もまた失敗するのではないか……という予感がして、不安になることがあります。

誰にでも経験があると思いますが、**これは単なる悪い予感ではなく、十分に起こり得ること**だと考える必要があります。

「失敗学」を提唱した東大名誉教授の畑村洋太郎先生は、「人間は同じ失敗を繰り返すものだ」と説いていますが、まさにその通りで、人間というのは、何かミスをすると、**同じミスを何度もしてしまう傾向があります。**

なぜならば、**ミスをしたのと同じやり方を、次でもやってしまう**からです。

仕事でミスをして、「また失敗するのではないか？」と不安になり、焦っている人というのは、ほとんどの場合、前と同じ方法論を踏襲しがちです。

「次も失敗したら、どうしよう……」と不安になっているわりには、**失敗の原因分析が甘いため、別の方法が思いつかない**のだと思います。

急にスキルが上がることはありませんから、結果的に同じミスを何度も繰り返してしまうのです。

一度失敗したら、きちんと「懲《こ》りる」必要があります。

発明王と呼ばれたトーマス・エジソンは、「私は失敗したことがない。1万通りのうまくいかない方法を見つけただけだ」という名言を残していますが、何か失敗をしたら、うまくいかなかった方法を参考にして、別のやり方を考えることが大切です。

別の方法でやってても、また失敗することもありますが、失敗した方法でやるよりも、失敗する確率は確実に落ちます。

大事なのは、ミスを減らすことと、同じミスを繰り返さないことにあるのです。

対策⑫うまくいかなかったときの「逃げ場」を用意しておく

会社や学校などで、辛いことや厳しいことがあって、どうしても我慢できないならば、無理をせずに「逃げる」ことも選択肢の一つです。

日本人は、我慢することを「美徳」と考えており、逃げる人のことを「卑怯者」と考える傾向がありますが、精神科医の目から見ると、**逃げることは極めて合理的な選択**であると考えています。

我慢する毎日を続けていると、不安感が強くなり、憂鬱な気持ちになって「適応障害」や「うつ病」になる危険性があります。

最悪の場合には、自殺する人まで出てしまいますから、不安や緊張、焦りというのは、想像以上にメンタルにダメージを与えるものなのです。

仕事が辛ければ、上司に部署の異動を申し出るなり、転職を考えることも有効な選択肢となります。

いじめが怖くて学校に行くのが厳しいならば、転校することもできます。

すぐに実行に移さなくても、**「最後には逃げ場があるぞ」と考えることができれば、気持ちに余裕が生まれます。**

逃げるという「最終兵器」があることを頭の片隅に置いておけば、緊張や不安を軽減することにも役立ちます。

逃げ場を用意しておくことを「敗北」と考える必要はありません。

平常心を保って、自分らしくいるための「手段」と考えれば、自然と前向きでポジティブな気持ちを手に入れることができるのです。

第2章のまとめ

◎不安になる五つの準備不足

①事前に「解決策」を用意していない
②「準備」や「リハーサル」をしていない
③正確な情報で判断していない
④確率で物ごとを考えていない
⑤別の視点から物ごとを見ていない

◎心を落ち着かせるための三つのステップ

ステップ1　誤った「先入観」を変える

①想定外の範囲を狭める
②「いい楽観主義」になる

③失敗を「織り込み済み」にする

ステップ2　誤った「考え方」を変える

④「緊張は悪いことではない」と考える
⑤「考えたくない」ことを考える
⑥「理屈通りにいかない」と考える
⑦頭の中だけで考えを整理しない
⑧苦手なことは「スキップ」する方法を考える

ステップ3　誤った「行動」を変える

⑨「10割」を目指さない
⑩迷ったら、たくさんの意見を聞く
⑪失敗したら別の方法を試す
⑫うまくいかなかったときの「逃げ場」を用意しておく

第3章

感情に振り回されない「自信」の育て方

新たな視点を手に入れて、自分の「固定観念」を打ち破る

緊張や焦り、不安に振り回されず、普段通りの自分でいるためには、**「物ごとを別のアングルから見る」**という発想を持って、これまでの自分の考え方や行動を冷静に見つめ直すことが大切です。

これまでとは違う視点を手に入れると、見える風景が変わり、物ごとに対する向き合い方も変わります。

それが原動力となって、自分に「自信」が持てるようになり、平常心を保つことにつながります。

第3章では、感情に翻弄されない自分を作るための**「自信の育て方」**に焦点を絞って、これまでの自分の考え方を点検するための14のヒントを紹介します。

新たな視点を手に入れることは、固定観念を打ち破る試みでもあるのです。

【自信の育て方①】

変えられるものを変える

森田療法の基本的な考え方に、**「変えられないものは成り行きに任せて、変えられるものを変える」**という方針があります。

緊張や不安に振り回されない自信を育てるには、森田療法の考え方が役立ちます。

「変えられないもの」とは、生まれや育ち、学歴や仕事のキャリアなど、どうやっても変更できないものを指します。

「変えられるもの」とは、物ごとに対する向き合い方や取り組み方、考え方、視点など、自分の意志で変更や修正が可能なものが該当します。

変えられないものを変えようとしても、焦りや不安が生まれるだけです。

大事なポイントは、変えられないものと、変えられるものを分けて考え、変えられないものは諦めて、**変えられるものに意識を集中する**ことにあります。

それが自分の感情に振り回されない「自信」を育てるための最初の一歩となります。

森田療法の代表的な一例を紹介します。

人前に出ると、極端に緊張して、顔が真っ赤になることに悩む女性が、私のところに相談にきました。

彼女は、赤い顔を人に見られるのが恥ずかしくて、**「こんな状態では、みんなに嫌われてしまう」**と考えて、不安になっていたのです。

社交不安障害の一つである「赤面恐怖症」の典型的な症状といえます。

彼女の考え方を整理すると、人前に出ると緊張する→緊張すると顔が赤くなる→赤い顔を見られるのは恥ずかしい→こんな恥ずかしい自分は周囲に嫌われるに違いない→誰にも好かれることはないだろう……ということになります。

私は彼女に対して、こう語りかけました。

「私は精神科医を長年やっていますが、緊張して顔が赤くなっても、周囲から好かれている人を何人も知っています。でも、もっとたくさん知っているのは、**顔が赤くならないのに、周囲の人たちから嫌われている人**です」

彼女は、顔が赤くなることを悩んでいますが、一番の心配は「このままでは、誰からも好かれないのではないか」ということです。

精神科医としては、顔が赤くならなくなったとしても、人に好かれるとは限らないことを伝えてから、次のようなアドバイスをします。

「人の性格や気質は簡単には変えられませんから、顔が赤くならないようにすることは難しいと思いますが、周囲の人に嫌われて、誰からも好かれないだろう……という不安は解消できます。愛想をよくするとか、相手を思いやるなど、人に好かれる努力を続けていけば、少なくとも、人から嫌われる心配はなくなりますよ」

顔が赤くなることばかり気にしていたのでは、いつまで経っても、心配や不安がなくなることはありません。

変えられないものに執着するのではなく、変えられるものから変えていく……と発想を切り替えれば、人から好かれる体験をすることによって、次第に心配や不安が治まるだけでなく、自分に自信が持てるようになります。

自分に自信を持てれば、自然と顔が赤くなることも、気にならなくなるのです。

【自信の育て方②】

やりたくないことはやらない

自分が苦手なことや、やりたくないことばかりしていると、緊張や焦りが絶えることなく続きます。

前章で「苦手なことはスキップする方法を考える」とお伝えしましたが、仕事であれ、プライベートであれ、最終的にうまくいけばいいのですから、自分に無理をしてまで、やりたくないことをやる必要はありません。

自分の得意なことを伸ばしていく方が、合理的な考え方といえます。

我慢の生活を続けるとストレスが溜まりますが、得意な分野に全精力を注いでいけば、成果を生み出すことにつながります。

成果が出るようになれば、自然と自信が湧いてくるものです。

私は高齢者を対象とした精神科医をやっていますが、**若い頃から「やりたくないことはやらない」という習慣を身につけておく必要がある**と考えています。

世間の人は、「ご高齢になったら、もうやりたくないことは、やらなくていいですよ」などといいますが、**年齢を重ねると体力や気力が落ちてきて、いろいろなことができなくなる自分が情けなくなったりします。**

若い頃から習慣にしていないと、なかなか思い通りにはいかないのです。

ワガママと見られたり、自分勝手といわれても、ストレスで身体を壊すことを考えたら、あまり気にすることはありません。

自分らしく生きるためには、好きなことや、得意なことを徹底的にやるというのも大事な選択だと考えています。

【自信の育て方③】

一度で「うまくいく」と考えない

大事な仕事に取り組むときに、緊張したり、不安になる人には、**「一回で絶対に成功しないといけない」**と考えている人が多いように思います。

「一度で決めたい」と強く思い込んでしまうと、緊張感が生まれて、焦りや不安に悩まされます。

こうした状況に自分を追い込むことは、**短絡的で拙速な思考に走ってしまう原因**にもなります。

「一度で決める」という考え方は、自分のプライドや美意識、周囲の目などが深く関係していますが、**一度で決めても、最後に決めても、結果は同じこと**です。

最終的にうまくいけばいい……と意識を切り替えれば、心理的な余裕が生まれて、さまざまな選択肢を検討することが可能になります。

多くの選択肢を試すことができれば、さらにいい結果につながることもあるのです。

「無理して一度で決めない」という視点を持つことは、**「いろいろ試して、一番いいものを選ぶ」**ことを意味しています。

この考え方は、幅広いことに応用することができます。

自分の健康のためにサプリメントを飲む場合には、ビタミンCやトリプトファン（必須アミノ酸の一種）など、世間でいいといわれているものを選ぶ傾向がありますが、それが必ずしも自分に合っているとは限りません。

いろいろ試してみて、自分の調子が良くなるものを選ぶのではなく、**みんながいい**

というものに執着して、最初に選んだものを飲み続ける人が多いのです。

一度で「うまくいく」と考えないことは、自分の考え方の幅を広げて、柔軟性を持つことに役立ちます。

思考の柔軟性がないことを、一般的には「頭が硬い」といいます。

頭が硬いと、融通が効かなくなりますから、自信を育てることが難しくなってしまうのです。

【自信の育て方④】

「まぁ、いいか」と思わない

自分の思い通りにならないことや、気に入らないことは日常的に起こりますが、それをスルーし続けていると、フラストレーション（欲求不満）が蓄積して、メンタルに影響が出ます。

自分が納得できないことがある場合、**それをやり過ごしたり、忘れようと思っても、事態はあまり変わりません。**

一つひとつのことに、「どうすれば、この状況を改善できるのか？」を考えて、慎重に善後策を練ることを心がける必要があります。

自分の提案が受け入れられなければ、すぐに頭を切り替えて、どんな内容であれば、却下されないのかを考えます。

不本意な転勤を命じられたら、転勤先の職場で、どうやったら成果が出せるのかを真剣に検討してみることです。

「ごく当たり前のこと」と思うかもしれませんが、頭に血が上っていたり、気持ちが動転していると、何も考えられず、思考停止の状態になる人がほとんどです。

「運命だから仕方がない」と諦めてしまうと、何も改善されないまま、残念な状況が続くことになります。

自分の意に反する出来事に遭遇したら、そこで立ち止まって、**怒りをエネルギーに変えるつもりでアイデアを考え続けることが大切**です。

「まぁ、いいか」と思ってしまうと、いつまで経っても、不満や怒りを持ち続けることになって、前向きな思考ができなくなってしまうのです。

【自信の育て方⑤】

「捨てる神あれば、拾う神あり」と考える

自分が正しいと思って行動したことでも、人の受け取り方は千差万別です。きちんと評価してくれることもあれば、予想もしなかった角度から批判されて、ボコボコにされることもあります。

人に合わせようとしても、自分を見失って、焦りや不安が増すばかりですから、**同じことをしても、「評価」や「見方」は人によって違う**……と考えることが大切です。

大事なポイントは、「捨てる神あれば、拾う神あり」という視点を持つことです。

私がそう考えるようになったきっかけは、１９８７年に『受験は要領』という受験生向けの本を出版したことにあります。

この本は、「数学なんて、考えたって、どうせわからない」という自分の体験を元にして、**「数学は自力で解かず、解答を暗記せよ」**とか、**「英単語を覚えるより、英短文を丸暗記せよ」**など、実践的なテクニックを紹介したものです。

私からすれば、ごく当たり前のことを書いたつもりですから、「効果的な勉強法を教えてくれて、ありがとう」という反響が来るものと思っていました。

実際に、多くの受験生からは「おかげさまで、東大に合格できました」とか、「無理だと思っていた慶応の医学部に一発合格しました」という喜びや感謝の声が届きましたが、それと同じくらいの大非難を浴びることになりました。

「小手先の受験テクニックを教えるとは、けしからん」と学校の先生や教育関係者から、一斉に非難の声が上がったのです。

すでに40年近く前のことですが、この経験を通して、同じことに対する評価は、それぞれみんな違う……ということを痛感しました。

それと同時に、教育関係者の非難が集中したおかげで、本が大ヒットしましたから、**人様の評価が悪い方が得することもある……**という事実を知りました。

人が褒《ほ》めたり、貶《けな》したりすることを「毀誉褒貶《きよほうへん》」といいますが、自分が何らかの行動を起こす場合には、どんなことでも、毀誉褒貶があることを前提として考えておく必要があります。

ものすごく褒める人と、ものすごく腐す人の両方いる方が「面白い」と考えることができれば、前向きな気持ちで物ごとに取り組むことができます。

褒められたら素直に喜び、腐されたら改善点を検討してみればいいのです。

その繰り返しが、自分のスキルとなって、自信を持つことにつながります。

【自信の育て方⑥】

人の期待に「応える」必要はない

周囲の人が自分に「期待」していることがわかると、肩にチカラが入って、緊張したり、焦る気持ちになります。

日本人は、周囲の期待に応えるのは「当然のこと」と考えがちですが、**人の期待というのは、意外と相手の勝手な都合だったりします。**

人の期待にすべて応える必要はない……と考えることも、心を平穏に保つための有力な選択肢となります。

行動心理学では、人から期待されると、相手の気持ちに応えようとする人間の心理を**「ピグマリオン効果」**と呼んでいます。

ピグマリオン効果とは、人から期待されると、「相手が自分を信頼してくれているのだから、何とかして、その気持ちに応えたい」というモチベーションが生まれて、意欲的に物ごとに取り組める……という心理効果を指します。

人の期待に応えるというのは、人間の本能的な心理ですが、無理をして期待に応え続けてしまうと、心身のバランスを崩すことになります。

精神科医としては、本能的に期待に応えてしまうのではなく、**その期待の本質に目を向けることが大切**だと考えています。

最初に検討する必要があるのは、**その期待は「本当に正しいのか？」**とか、**「自分がやらなければいけないことなのか？」**を考えてみることです。

上司から、「この仕事は今日中に頼むね」と言われたら、その理由をリサーチしてみることです。

納期が迫っているのならば、素直に従うのが賢明ですが、「昨夜、飲みすぎたから早く帰って寝たい」のであれば、スルーするという選択肢が生まれます。
上司の期待に応えなくても、会社をクビにはなりませんが、出世には影響します。自分の行動は、出世をモノサシにするかどうかで判断することができます。

相手が夫や妻などのパートナーであれば、相手の期待に応えないと、離婚を切り出される可能性があります。
離婚したくなければ、どうしたら期待に応えられるかを考え始め、それでもいいならば、無視することもできます。

少し極端な例を挙げましたが、大事なのは、すべての期待に無条件に応えようとするのではなく、**それに応えなかったら、どんなことが想定されるのかを見極めて、ケースバイケースで取捨選択する**ことにあります。

【自信の育て方⑦】

知識ではなく「考える力」を鍛える

東大や京大を出ているお笑いタレントを「インテリ芸人」と呼んで珍重するなど、日本人は人の学歴に過剰反応する傾向がありますが、学歴コンプレックスというのは、自分と他人を比べて劣等感を感じるだけのことですから、そこから何かが生まれることはありません。

日本の学校教育は「知識偏重」のため、どうしても知識を重視しがちですが、**大事なのは知識の量ではなく、考える量にあります。**

私がたくさんの本を出版できるのは、知識が豊富なわけでも、東大を出ているからでもないと思っています。

物を考える習慣を持っているから、他の人と違うことが言えることに尽きると自己分析しています。

自分らしく生きていくためには、「考える力」を鍛えることが不可欠なのです。

考える力とは、**「計算する力」**と置き換えることができます。

計算する力には、次のような二つがあります。

①「展開」を読む力

この先の可能性を予測して、2手先、3手先の展開を読むことです。

展開を読むことによって、それに応じたソリューションを準備できます。

②「可能性」を読む力

この先の可能性を推理して、幅広い選択肢を考えることです。

選択肢の幅が広がることで、さまざまなケースを想定したソリューションを用意することができます。

この二つを意識することによって、計算の「奥行き」と「幅」を広げることが可能になります。

本当に頭のいい人というのは、豊富な知識を持っている人ではなく、きちんと計算ができて、この先の展開や選択肢を正確に読むことで、**しっかりとソリューションを整えられる人**だと思います。

計算する力を鍛えておかないと、不安や焦りに悩まされることになります。

例えば、会社や官僚などの組織には「派閥争い」というものがあります。

「この人とうまくやっていけば、将来的に出世できるだろう」と考えて、簡単に「この人に付いていきます」などと宣言すると、その先には、さまざまな困難が待ち受けています。

考えられるのは、次のようなリスクです。

・他の派閥の人から敬遠される

・周囲から「私利私欲で動く打算的な人」と見られる
・直接の上司を「裏切った人」と噂になる
・出世のためなら「何でもする人」と軽蔑される
・付いていこうと思った相手が途中で失脚することもある

こうしたリスクを想定して、ソリューションを準備してから動かないと、周りから**「計算高い人」**といわれます。

計算高い人というのは、自分の利益を優先して、私利私欲で行動する人ではなく、**「計算が甘い人」**のことです。

先の先まで計算して、周到に根回しをする人であれば、周囲から「あの人は計算高い」と見られる心配はないのです。

【自信の育て方⑧】

「自己改造」を繰り返す

失敗したら別のやり方を試すことを含めて、「自己改造」を前向きな気持ちでできる人は、物ごととポジティブに向き合うことができますから、それだけうまくいく確率が高まります。

うまくいく確率が高まれば、成功体験を積み重ねるごとに緊張や焦る気持ちがなくなって、段々と自分の中で自信が芽生えてくることになります。

自己改造とは、自分の考えを曲げたり、否定することではなく、**目の前のタスクに対する方法論を「アップデート」すること**をいいます。

過去の成功体験に縛られることなく、柔軟にやり方を変えていけるから、変化に応じた対策が可能になって、物ごとがうまくいくのです。

日本人には、学歴や肩書だけで、「あの人は賢い」と判断するところがありますが、私はこうした考え方は意味がないと思っています。

医者であれ、弁護士であれ、**その人が賢かったのは、その肩書を手に入れた時点のこと**です。

その当時は優秀だったかもしれませんが、今でも優秀であるとは限りません。

私の知り合いには、東大を卒業した賢くない医者がたくさんいます。

何を基準に賢くないと判断しているのかといえば、最先端医療の勉強をしていないため、考え方が昔のままアップデートされていないからです。

人間にとって大事なのは、**「今よりも良くなりたい」と思って、小さな一歩でもいいから、前を向いて歩みを進めること**です。

若い人であれば、自己改造のチャンスはいくらでもありますが、「自分を成長させる」

という視点を持つことに、年齢は関係ありません。

いくつになっても、向上心を持って、自分を変えていける人が、本当の意味で賢い人なのだと思います。

難しく考えるのではなく、自己改革とは、**「今よりも、ちょっとだけマシになること」**と考えれば、格段にハードルを下げることができます。

【自信の育て方⑨】

「場数」を踏む

揺れ動かない心を作るためには、「場数」を踏むことが欠かせません。人前で話すことが苦手ならば、意識的に場数を増やすことで、あがり症を抑えることができます。

こうした効果を、一般的には**「場慣れ」**と呼んでいますが、その場の雰囲気に慣れてしまえば、自然と緊張や焦りは感じなくなり、落ち着いた気持ちで話をすることができるようになります。

場数を踏むためには、最初の一歩を踏み出す勇気を持つことが肝心ですが、あがり症の人に対して、私は**「人生は実験の連続だ」**と考えてみましょう……とアドバイスしています。

苦手なことをやる場合でも、「これは実験だ」と考えれば、身構えるのではなく、試すつもりで取り組むことができます。

実験ですから、失敗することもありますが、失敗しても必要以上に落ち込むのではなく、**その原因を考えてみることが重要**です。

「今回の実験は失敗だったな。失敗の原因は、自分を大きく見せようとして、柄にもなく、自慢話をしたことかもしれないな。次はもっと謙虚な気持ちで話をすれば、みんなに自分の言いたいことが伝わるような気がする……」

こうした経験を積み重ねて、反省点を明確にすることが「自己改革」の本質であり、それが「経験知」となって、自分に自信が持てるようになります。

経験知というのは、場数を踏むだけでは手に入りません。場数を踏んで、たくさんの失敗を経験し、そこから学んだことを次に活かすことで、初めて自分の能力として身につくものなのです。

【自信の育て方⑩】

「肩のチカラ」を抜く練習をする

大事な商談や試験を前にすると、自分で「落ち着かなければ」と思ったり、周囲からも「リラックスして、頑張れ」などと応援されるため、何とかして肩のチカラを抜こうとしますが、これは完全に逆効果になります。

人には、**落ち着こうとすればするほど、逆に落ち着かなくなる**傾向があります。落ち着かなければ、失敗するかもしれない……という思いが焦りを生んで、緊張につながってしまうのです。

精神科医の目で見ると、**大事なときだけリラックスしようと思うのは、少し虫のい**

い話だと思います。

落ち着こうと思って、本当に落ち着けるならば、世の中に緊張する人はいません。思い通りにいかないから、緊張や不安に悩んでいる人がたくさんいるのです。

その対処法としては、無理して落ち着こうと考えないことが大切ですが、それ以上に効果的なのは、**普段から肩のチカラを抜く練習をしておく**ことです。

世の中には、次のようなリラックス法が広く紹介されていますから、時間があるときに自分に合うものを試しておけばいいのです。

①深呼吸をする
②ポジティブな自己暗示をする
③好きな音楽を聴く
④好きな香りを嗅ぐ

⑤ストレッチをする

大事な商談を頭に思い浮かべて、深呼吸をしたら、気持ちが落ち着いた……となれば、それが自分にマッチしたリラックス法ですから、「何かあったら、何度か深呼吸をすればいいんだな」ということがわかります。

それが「お守り」となって、落ち着きを手に入れることができるのです。

【自信の育て方⑪】

プロセスではなく「結果」を見る

日本人には、**「物ごとに真面目に取り組む」ことを美徳と考える**傾向がありますが、真面目に取り組むことを優先させると、息苦しくなったり、不安になったりします。

大事なのは結果ですから、プロセスは楽しむことを考えて、結果を重視する……という視点を持つことが、気持ちを軽くすることに役立ちます。

プロセスは楽しんで、結果を重視するとは、**「手段」と「目的」をハッキリと分けること**を意味しています。

真面目に取り組むことは、あくまでも手段であって、いくら真面目にやっても、肝心の目的が果たせなければ意味がありません。

逆の見方をすれば、**結果さえ出せれば、不真面目にやっても、手抜きをしても、どこからも文句が出ることはない**のです。

「どうすれば結果を出せるのか？」を優先させず、プロセスにこだわってしまうと、試行錯誤ばかり繰り返して、迷路に入り込むことになり、毎日が不安と焦りの連続になってしまいます。

これは手段が目的化している典型的なパターンといえます。

結果にこだわる限りにおいては、そのための最適ルートを考えることによって、方法論やソリューションが明確に見つかります。

不安や焦りに振り回されないためには、手段と目的を混同しないように、**プロセスではなく、結果を見ることが大切**です。

【自信の育て方⑫】

「取り柄」を磨く

人には誰でも、「得意なこと」と「不得意なこと」があります。
心配性な人や不安感が強い人ほど、自分の弱点を克服することに意識を向けますが、逆の視点を持って、自分の「強み」をさらに強化した方が、自信を育てることに役立ちます。

自分の弱点を克服しても、**十人並みのレベルに達することが精一杯であれば、それが自分の武器になることはありません。**

不得意なことは、自分の弱点として認識するにとどめて、得意なことに全精力を傾ければ、それが自分の「取り柄」になります。

取り柄とは、自分が持っている能力（スキル）の中でも、格段に高いレベルにあり、人よりも優れているものを指します。

「データ入力が圧倒的に早い」とか、「文章を書くのが抜群にうまい」など、何でもいいから、人の上を行くスキルを一つでも持っていれば、「芸は身を助ける」ではありませんが、自分のアピールポイントになります。

会社などの組織で働いていると、上司から振られた仕事を上手にこなせることが自分のスキルと思いがちですが、**そうしたスキルは今の会社だけで通用するもの**です。「営業力がズバ抜けている」とか、「経理の能力が抜きん出ている」となれば、どこの会社に転職しても、自分のポジションを獲得することができます。

取り柄を磨くことは、**自分の「売り物」を作る**ことでもあるのです。

【自信の育て方⑬】

「弱点」は放置する

自分の取り柄を磨くためには、弱点は放置する勇気を持つことが大切です。

会社員であれば、自分の弱点を指摘される機会もあると思いますが、それを理由に会社をクビになることはありません。

就業規則に違反するとか、上司に反抗的な態度でも示さない限り、仕事の出来が悪いことで退職を迫られるようなことは考えられないため、**腹を決めて「取り柄磨き」に精進する**ことが、長い目で見たら自分に有利に働きます。

その間に自分の取り柄をブラッシュアップしておけば、上司が変わって自分のスキルを高く評価してくれるかもしれません。

最悪の場合でも、そのスキルをアピールして、転職を有利に進めることができます。

これから先の展開をイメージしておけば、**上司のムチャ振りに我慢して、緊張や焦りの毎日を送る必要がないことがわかる**と思います。

会社員として働いていると、どんな仕事でもできる「オールラウンド・プレーヤー」であることを求められているような気になりますが、それは明らかな勘違いです。

多くの会社が求めているのは、高い専門性を持ったスペシャリストであり、**何でもできる人は便利にコキ使われるだけで、意外に評価されることはない**のです。

「何でもできなければならない」と考えると、毎日が緊張と焦りの連続になりますが、周囲が認めるような取り柄が一つでもあれば、それ以外のことは気にならなくなり、心理的な余裕が生まれます。

飛び抜けた取り柄を持っていれば、自分の弱点を放置しても、それを問題視する人は意外といないものです。

【自信の育て方⑭】

「人生は長い」と考える

この章の最後にお伝えしたいのは、自分に自信を持って生きるためには、**目の前の出来事に一喜一憂しない**ということです。

少しの失敗に動揺してしまうと、他のことが考えられなくなります。

大事なのは、「人生は長い」と考えて、**長期的な展望を持つ**ことです。

長期的な展望を持つというのは、「人事を尽くして天命を待つ」の基本となる考え方ですが、目の前の結果がどうであれ、長い目で見て、最善の状況ができるように努力や工夫を続けていく……ということです。

人事を尽くすとは、自分のできる限りのことをやるという意味です。

天命を待つとは、やれることをやったら、後は運を天に任せるということではなく、**どんな結果になっても、後悔はない**……という覚悟を示しています。

現代の日本人は、**長生きすることは考えていても、長い目で自分の人生を考えるという視点が欠けている**ように思います。

人の一生は、何が起こるかわかりませんから、いつ逆転が起こるかもわかりません。今はうまくいかなくても、ずっとダメとは限らないのです。

そうした生き方の象徴的なケースといえるのが、世界規模のファストフード・チェーン「ケンタッキーフライドチキン」の創業者カーネル・サンダースです。

日本では「カーネルおじさん」の愛称で呼ばれていますが、彼の生き方は、**「諦めなければ、逆転はいつでも起こる」**という示唆《しさ》に富んでいます。

要点を簡潔にまとめて、彼の逆転人生を紹介します。

6歳で父親を亡くしたカーネル・サンダースは、10歳から農場で働き始め、鉄道修理工や保険外交員、自動車タイヤのセールスマンなど、40種を超える仕事を転々としています。

浮き沈みの激しい人生を送っていた彼は、60歳のときに一念発起して、ガソリンスタンドの経営に乗り出しました。

30代の頃にも、ガソリンスタンドを経営したことがありますが、折からの世界恐慌のあおりを受けて、倒産の憂き目に遭っています。

彼にとっては、**還暦を迎えてのリターンマッチ**といえます。

新たに始めたガソリンスタンドは、幹線道路に面していたため、利用客が多く集まりましたが、一番の人気の秘密はスタンドの一角にある物置を改装して作った『サンダース・カフェ』にあります。

料理が得意だったカーネル・サンダースが提供するハンバーガーやフライドチキン、ステーキなどが評判を呼び、開店当初は6席だったサンダース・カフェは、4年後にはモーテルを併設した142席のレストランに急成長しています。

ここまででも立派なサクセス・ストーリーですが、彼の波乱の人生は、これだけでは終わりません。

1950年代はアメリカ全土に高速道路網が張り巡らされた時期ですが、町外れに高速道路が開通したため、サンダース・カフェの客足が途絶えてしまったのです。

アメリカの高速道路は日本と違って無料ですから、幹線道路を利用する人が激減して、店は閉店を余儀なくされてしまいました。

負債を返済すると、ほとんど無一文になったといいます。

これがカーネル・サンダースが65歳の出来事です。

裸一貫になったカーネル・サンダースは、無一文でもできる商売を考え続け、**レシピ販売というビジネスモデルを作り上げます。**

最も評判が良かったフライドチキンのスパイスと、自慢の圧力鍋を携えてアメリカとカナダのドライブインを駆け回り、実際に目の前で調理して、反応が良ければレシピと圧力釜を買ってもらう……という斬新なアイデアを生み出しました。

サービス精神が旺盛な彼は、レシピを買ってくれたドライブインを流行らせるために、例の白いスーツを着て、白いヒゲをたくわえて、笑顔でお客さんにサービスして回ったといいます。

彼と契約した店は、わずか5年ほどで400店、10年で600店を超え、現在の世界的なチェーン展開の基礎を作り上げたのです。

この偉業を成し遂げたのは、カーネル・サンダースが74歳のことです。

カーネル・サンダースの波乱に富んだビジネス人生を振り返ると、次のような五つの「教訓」を読み取ることができます。

【教訓①】自分の「取り柄」は一生の財産になる

【教訓②】お金がなくても「アイデア」は出せる

【教訓③】一度の「失敗」で挫折する必要はない
【教訓④】いくつになっても「チャンス」はある
【教訓⑤】諦めなければ「成功」する可能性はある

失敗は、そこで諦めてしまうと失敗のままで終わります。**その失敗から多くのことを学べば、失敗は成功のためのヒントになります。**

失敗を不必要に恐れなければ、不安や焦りに襲われる心配はなく、前向きな気持ちで「実験」を繰り返すことができるのです。

第3章のまとめ

◎感情に振り回されない「自信」の育て方

①変えられるものを変える
②やりたくないことはやらない
③一度で「うまくいく」と考えない
④「まぁ、いいか」と思わない
⑤「捨てる神あれば、拾う神あり」と考える
⑥人の期待に「応える」必要はない
⑦知識ではなく「考える力」を鍛える
⑧「自己改造」を繰り返す
⑨「場数」を踏む
⑩「肩のチカラ」を抜く練習をする
⑪プロセスではなく「結果」を見る

⑫「取り柄」を磨く
⑬「弱点」は放置する
⑭「人生は長い」と考える

第4章

うまくいく人がやっている
「割り切る」習慣

優先順位を明確化して自分の行動スタイルを決める

人生がうまくいく人に共通するのは、自分にとって重要なものと、どうでもいいものを明確に分けて、大事なものにエネルギーを全集中していることです。

別の視点で見るならば、**「割り切る」ことによって、自分の行動スタイルを決めている**……ということになります。

最終章では、うまくいく人が実践している「割り切る習慣」に着目して、①**「人間関係」**②**「発想」**③**「日常生活」**の割り切り方を紹介します。

私たちの日常には、**「大事そうに見えて、実はムダなもの」**と、**「ムダに見えて、本当は大事なもの」**がたくさんあります。

割り切る習慣を持つことは、曖昧な視界をクリアにして、物ごとの優先順位を明確化することにつながります。

Part①

「人間関係」の割り切り方

【割り切ってつき合う①】

利害関係がない人は気にしない

周囲の人に気を遣っていると、自分が本当にやるべきこと、やりたいことまで手が回らず、気疲れだけが残ります。

会社で考えるならば、自分の直属の上司や、取引先などの利害関係者でもない限り、無理をして気を回す必要はありません。

その理由は、**相手がどう思っても、ほとんど自分には影響がない**からです。

人間関係は複雑に入り組んでいますから、あちらを立てると、こちらが立たなくなることは、珍しくありません。

うまくやっている人は、**「利害関係」や「影響の有無」を物差しにして、割り切った人間関係を意識しています。**

これは「打算的」な考え方ではなく、自分が平常心を保つための「合理的」な考え方といえます。

誰にでも親切な人は、周囲から「優しい人」と見てもらえますが、**誰にでも優しい人のことを、誰もが好意的に受け取っているとは限りません。**

「あの人は八方美人だ」とか、「本心がわからない人だ」などと言い出す人がいますから、誰にでも親切にしても、額面通りには受け取ってもらえないものです。

ここでお伝えしたいのは、「人に気を遣うな」ということではありません。

自分に影響がない人は、「どうでもいい」ということでもありません。

誰にでも気を遣っていると、**本当に気を遣わなければならない人まで気が回らず、仕**

事や人間関係がうまくいかなくなる……ということです。

「自分が一番に大事にすべき人は誰か？」を見極めて、そこに注意を払わなければ、自分を取り巻く状況が好転することはありません。

自分に影響がある人には慎重に接して、そうでない人まで気を回さないことは、自分を大事にするための「危機管理」と考えることが大切です。

【割り切ってつき合う②】

みんなに好かれようと思わない

仕事やプライベートで「誰からも好かれたい」と考えている人もいると思いますが、みんなに好かれようとしても、思い通りにいかないだけでなく、逆に自分を追い込んでしまうことになります。

人間関係を上手に維持している人は、**「みんなに好かれる必要はない」**と割り切ることで、周囲との適切な距離感を保っています。

みんなに好かれようとする人には、次のような五つの傾向が見られます。

①自分の存在価値に対する承認欲求が強い
②嫌われないために自分の欲求を抑え込んでいる
③周囲の評価や評判に過敏に反応する
④絶えず相手の要望を気にしている
⑤頑張りすぎて気疲れしている

周囲に気を回しすぎて疲弊することを「忖度《そんたく》疲れ」といいますが、それが原因となって、自分が本当にやりたいことを後回しにしたり、極端な場合には、心身のバランスを崩してメンタルをやられてしまうこともあります。

忖度疲れをするほど、周囲に気を遣っていたのでは、自分の気持ちが休まることがないのです。

嫌われることを恐れて、安全で無難なことしか言わない人を、周囲の人が好きになることはありませんが、相手が嫌うのは、意見が合わないとか、話が面白くないということではなく、**相手が嫌がることを言ったとき**です。

相手が気にしている身体的な特徴などを、軽い気持ちで話題にすると、ほぼ確実に嫌われることになります。

意外に思うかもしれませんが、みんなに気を遣っている人に限って、こうした落とし穴に注意を払わず、「地雷」を踏むことが多いようです。

無難な話題を心がけようとするあまりに、相手の身体的特徴に目が止まって、悪気なく口に出すことで、知らぬ間に相手から嫌われているのです。

誰からも嫌われたくないという「全方位外交」を目指したところで、**思ったほどには味方が増えないだけでなく、気づかないうちに敵を作っている可能性がある**……と考える必要があります。

【割り切ってつき合う③】

無理して「緊張」を隠さない

プレゼンやスピーチなど、人前で話をするときには、誰でも緊張するものですが、上手にその場を切り抜けている人には、ある共通した特徴があります。

それは、**自分が緊張しているのを隠さない**……ということです。

「緊張していると思われたくない」とか、「余裕のある態度で臨みたい」と考えてしまうと、余計に緊張してしまいます。

無理して平静を装っても、緊張していることは、すぐ人にバレます。

緊張を隠そうとして、余裕のありそうな態度を取っても、周囲の人の目には、それが痛々しく映ってしまい、思い通りにはいかないものです。

好印象を与える人たちは、話の冒頭にこんなフレーズを用意しています。

「緊張しているため、お聞き苦しいかと存じますが……」
「慣れない場所で、話がまとまらないかもしれませんが……」

自分が緊張していることを最初に伝えてしまえば、**少しだけ気が楽になるだけでなく、周囲の人もリラックスして話を聞く準備を整えてくれます。**

緊張というのは、隠そうとすればするほど、相手に伝わります。

無理して隠そうとするのではなく、割り切って「私はすごく緊張しています」と口に出してしまえば、意外と腹が据《す》わってくるものです。

Part②

「発想」の割り切り方

【割り切って考える①】

今は負けても、次に勝てばいい

仕事でミスをしたり、何かで失敗をすると、そこで歩みを止めてしまう人が少なくありませんが、うまくいく人は、「今は負けても、次に勝てばいい」という発想をしています。

ミスや失敗を悔やむのではなく、**「負けた後の一手が大事」と割り切ることによって、モチベーションを高めている**のです。

「狸親父《たぬきおやじ》」と呼ばれた徳川家康は、決して戦いに優れた人ではありませんが、「どんな戦い方をするか？」よりも、**「どう生き延びるか？」を優先的に考える**ことで、最後には天下を取っています。

当時の戦国武将たちは、「逃げる」という選択肢を持つことを、武士道に反する……と考えていましたが、徳川家康という人は、「負けたら逃げて、生き延びる」ことが、武士道の本質であると解釈していたようです。

どんなことでも失敗や負けは付き物ですから、負けることを過剰に心配するのではなく、**「負けた後にどうするか？」というソリューションを準備しておけば、次の戦いのチャンスが生まれます。**

その解決策が「逃げる」であっても、何も恥じる必要はありません。
大事なのは、生き延びることによって、次に勝つチャンスを手に入れることです。
自分のプライドや美意識を優先させたのでは、二度とチャンスを掴めなくなってしまうのです。

スキルに自信がなかったり、心配性な人ほど、「優秀な人だから、次の一手を考えられるのだろう」と思いがちですが、**自分に自信が持てない人ほど、次の一手を事前に準備しておくことが大切**です。

ソリューションを事前に用意しておけば、不安を感じるタスクに対しても、リラックスして向き合うことができます。

【割り切って考える②】

「今を楽しむ」ことを優先する

日本人には、「今の苦労が将来の役に立つ」と考える傾向があるため、多少の不満があっても、我慢することが「美徳」と思いがちですが、これは昭和の時代の「負の遺産」ということができます。

うまくいく人は、**「今の苦労は、将来の成功を約束するものではない」**と割り切った考え方をしています。

何の保障もないならば、無理して我慢をする必要はなく、**「今を楽しむ」と頭を切り替えた方が、人生がうまくいく確率が高まる**……と発想しているのです。

現代はネット全盛の時代ですから、世の中のパラダイム（その時代の考え方の規範）は、いつ変わるかわかりません。

現在の苦労が将来的に役立たない可能性があるならば、無理をしてまで我慢を続ける理由はどこにも見当たらないのです。

世界的に知られた物語に『アリとキリギリス』というイソップ寓話《ぐうわ》がありますが、その内容が大幅にアップデートされているのをご存知でしょうか？

本来のストーリーは、働き者のアリは、冬を乗り切るために、夏の間も一生懸命に働いて食料を備蓄しましたが、キリギリスはバイオリンを弾きながら、楽しそうに歌って過ごしたため、冬になると食べ物がなく、アリに泣きついても断られてしまったため、お腹が空き過ぎて死んでしまいました……というものです。

この物語を通して、私たちは次のような三つの教訓を学んだはずです。

①真面目にコツコツと働くことが大切
②怠けていると、必ずその報いを受ける
③将来を見据えた行動を心がけることが大事

この物語の根底にあるのは、「備えあれば憂いなし」の考え方で、真面目に働かないキリギリスは、最後に飢え死にする……という「勧善懲悪」(善を勧め、悪を懲らしめる)のストーリーですが、現代では、大幅に話が変わっています。

キリギリスを飢え死にさせたアリの冷酷さに世間の非難が集中したのか、アリとキリギリスは仲良しになり、アリに食べ物を分け与えてもらったキリギリスは、自分の行動を恥じて、改心する……という話が主流になっています。

イソップ寓話の作者は、紀元前6世紀のアナトリア（現在のトルコ）出身のアイソーポスという語り部だとされていますが、**アイソーポスもビックリの改変**です。

世の中、何が起こるかわからず、パラダイムはいつ変わるかわからないことの代表例と考えることができます。

アリとキリギリスの物語は、これから先、真面目にコツコツと働き続けたアリは、生涯を通じて一度も幸せを感じることなく亡くなり、冬になっても豊富な食料に恵まれたキリギリスは、たらふく食べながら、最期まで好きな音楽を楽しんで幸せに過ごしました……となる可能性も否定できないと思います。

世間の目を気にしても、世間の目は時代と共に勝手に変化します。

世の中、何が起こるかわかりませんから、今の我慢がムダになることもあります。

将来の不安ばかりに目を向けるのではなく、割り切って「今を楽しむ」ことを優先させるのも、うまくいくための合理的な選択肢の一つといえます。

【割り切って考える③】

自分を「大きく見せよう」としない

人前に出ると、「自分を良く見せよう」とか、「少しでも賢く見せよう」としてしまう人がいます。

日本には、学歴や職業だけで、その人を「賢い」と見る風潮がありますから、それを期待しての行動ですが、仕事や人生がうまくいっている人は、**自分の言動がそうした受け取られ方をしないように細心の注意を払っています。**

周囲の人から、「自分を客観視できない見栄っ張りな人」とか、「周囲の目を意識している虚栄心が強い人」と見られることを知っているからです。

虚栄心が強く、見栄っ張りな人には、次のような特徴が見られます。

①学歴や家柄、年収にこだわりが強い
②自己中心的で自虐風の自慢話が多い
③ブランド品や高級品を好む
④できないことでも安請け合いする
⑤人の話を聞こうとしない

虚栄心が強い人は、自分の存在を大きく見せることで、一時的な心地よさを感じていますが、**周囲の人は本人が考えているほどには、好意的に受け取ってくれません。**

有名な会社に勤めていたり、一流大学を出ている人に多く見られる傾向ですが、見栄っ張りな人というのは、どんな材料でも自慢の「ネタ」にしがちですから、思い当たることがある人は、考え方を改める必要があります。

自分の見栄や虚栄心を抑えるためには、次のような視点を持つことが大切です。

①人と自分を比較して考えない
②自分の長所と短所を受け入れる
③周囲の目ではなく、自分の価値観で行動する

私が相手に対して、「この人は頭がいいな」と感じるのは、学歴に関係なく、物ごとを簡略化して、理路整然と面白く話ができる人です。

大事なのは、自分を大きく見せることではなく、**「いい大学を出ているのに、話が面白くないな」と思われないこと**だと思います。

【割り切って考える④】

自分一人で抱え込まない

日本人は責任感が強いため、何でも自分一人で解決しようとする傾向がありますが、「自分のチカラだけで何とかする」と思い込んでしまうと、緊張や不安に悩まされることになります。

仕事を効率よく進めている人に共通するのは、**自分のスキルを過信せず、自分一人で何でも抱え込まない……**と考えていることです。

明日までに終わらせる仕事が、夕方になっても残っていたら、あなたはどうしていますか？

最近は働き方改革によって、残業時間が制限されていますから、簡単に残業を申し出ることはできない状況だと思います。

ほとんどの人は、仕事を持ち帰って、家で作業することを考えると思いますが、効率よく仕事をしている人は、そうした発想をしていません。

家に持ち帰って作業をしても、明日までに間に合う保障はなく、緊張と不安と焦りの時間を過ごすことが目に見えているからです。

これが「仕事を自分一人で抱え込む」ことの一番の問題点といえます。

うまく仕事を進めている人は、躊躇《ちゅうちょ》なく、仕事の途中経過を上司に報告しています。「ここまでしか終わりませんでした」とストレートに伝えることで、上司の判断を仰いでいるのです。

きちんと経過報告をすれば、上司が善後策を考えてくれます。

・チームのメンバーをサポートに付けてくれる
・上司が作業を手伝ってくれる
・リミットに余裕を持たせてくれる

こうした判断は自分一人ではできませんから、仕事ができる人は、上司を巻き込むことによって、すんなりと打開策を手に入れているのです。

「仕事ができないヤツと思われるのではないか？」とか、「与えられた仕事は自分が最後までやるべきだ」と考えてしまうと、結果的に仕事が間に合わなくなる……という最悪の事態を迎えてしまうこともあります。

仕事と上手に向き合っている人は、自分のプライドや責任感を優先するのではなく、**「早く仕事を終える」ことを重要視して、割り切った取り組みをしている**のです。

【割り切って考える⑤】

「参照点」を低くする

心理学を経済学に応用した学問に、行動経済学というものがあります。

行動経済学の中で、最も人気があるのが、「参照点」という理論で、**人間の幸福度は、参照点によって決まる**……と考えることができます。

自分の参照点を認識すると、生き方の新たな「基準」になります。

参照点とは、人が価値判断をする際の**「得と感じるか、損と感じるか？」の基準点**を指します。

例えば、何かのプロジェクトに成功して、会社から10万円の金一封が支給されることになったとします。

何も期待していなかったところに、10万円の金一封がもらえたとしたら、この場合の参照点は「0円」となります。

そのプロジェクトが予想以上の成果を収めて、一時は「20万円の金一封が支給されるらしい」という話があったものの、最終的には10万円に減額されて支給された場合の参照点は「20万円」ということになります。

どちらの場合も、10万円の金一封が支給されている事実は同じですが、**前者であれば、素直に「得をした」と感じるものの、後者のケースでは、何となく「損をした」ような気分になります。**

実際には、何も損はしていませんが、**同じ10万円をもらっても、参照点によって、受け取り方や印象に大きな違いが出る**のです。

行動経済学の創始者で、ノーベル経済学賞を受賞した心理学者ダニエル・カーネマンは、「人間の幸福度は参照点に反応する」と説いていますが、人にはそれぞれ参照点があり、過去の経験や現在の置かれている状況によって、個人差があると考えられています。

幸福感を感じながら、穏やかな気持ちで毎日を過ごすためには、現在の自分に見合ったところに参照点を置くことが大切であり、**「できるだけ参照点を低くする」という意識を持つことによって、不平や不満を減らすことができます。**

1億円の貯金を持っている人が、何かで1万円の損失を出したとします。ほとんどの人は1億円の貯金を持っていませんから、「1万円くらい痛くも痒くもないだろう」と想像しますが、1億円のお金を持っている人の参照点は「1億円」ですから、そこから1万円の損失が出ただけで、ものすごく損をしたと感じます。

参照点が高い人は、「まだ9999万円もある」とは考えず、「1億円を切ってしまった」と大打撃を受けてしまうのです。

それとは逆に、財布の中に1000円しかない人が、100円玉を拾ったら、どんな気持ちになるでしょうか?

この人の参照点は「1000円」ですから、その10分の1にあたる100円玉を拾ったら「超ラッキー!」と大喜びします。

人間は、**自分が設定した参照点を下回ると、自分が不幸だと感じ、わずかでも上回ると幸せだと感じる**ものなのです。

私がたくさんの高齢者を診ていて感じるのは、**年齢を重ねたら参照点を下げた方が、幸せの基準が下がって、心が満たされる**ということです。

大金持ちだったり、異性にモテたり、出世街道を一直線に突っ走ってきたような人は、昔の自分と比較して、今の自分をみじめに感じてしまいます。

その一方で、昔はお金がなく、異性にも相手にされず、納得のいかない人生を送ってきた人は、高齢になって特別養護老人ホームに入っても、快適な部屋で過ごせることや、美味しい食事に感謝して、人生の最後に大きな喜びを感じることができます。

幸せの価値観は人それぞれですが、参照点を低くすれば、ささやかな出来事にも幸せを感じ取ることができるのです。

Part③

「日常生活」の割り切り方

【割り切って生きる①】

「睡眠不足」を気にしすぎない

緊張やストレスを抑えて、気持ちを安定させるためには、十分な睡眠が大切ですが、あまりにも睡眠不足を気にするのは逆効果です。

アインシュタインは12時間睡眠で、エジソンは3時間睡眠だった……といわれていますが、適切な睡眠時間には個人差があります。

睡眠不足だから気持ちがイライラするのではなく、**気持ちが落ち着かないから、睡**

眠不足になっている可能性もあるのです。

私のところにも、不眠の相談に来られる方がたくさんいます。

話を聞いてみると、「1日5時間しか寝られないんです」とか、「眠りの質が悪いらしくて、夜中に何度も目が覚めるんです」という人が多いのですが、精神科医としては、「何も問題はありませんよ」とお伝えすることになります。

睡眠には、それを気にすればするほど、眠れなくなるという性質がありますから、**不安を解消する一番の方法は、深刻に考えないこと**です。

1日5時間でも寝られていて、今この瞬間に眠くないのであれば、問題視するようなことはありません。

大事なのは考えすぎないことで、眠くなったら、仮眠をすればいいのです。

睡眠の不安を訴える人が増えているのは、テレビのワイドショーなどが、睡眠時間とか睡眠の質を大げさに取り上げていることに原因があります。

どこかに不調があるならば、睡眠時間や睡眠の質を疑ってみる必要がありますが、どこも悪くなく、眠くもないならば、何も心配する必要はありません。


日中に眠さを感じるならば、「今日は早く帰って寝る」と考えることです。身体が何となくだるいならば、「昼寝」をすることです。

睡眠不足に対するソリューションは単純明快ですから、あまり難しく考える必要はないのです。


【割り切って生きる②】

自分が食べたいものを食べる

人間も含めて、動物は飢えていると、交感神経が優位になって、イライラしたり、気分が落ち込んだりします。

それとは逆に、お腹が満たされると、気持ちが落ち着いて、リラックスモードに入ることができます。

テレビやネットには、糖質制限や脂質制限などの健康情報が氾濫していますが、心を安定させて、イライラせずに毎日を送るためには、**食べたいものを食べることも有効な手段**といえます。

食べることが悪いのではなく、**問題なのは偏った食事による「栄養不足」**です。極端なダイエットによって、ブドウ糖やタンパク質が不足すると、イライラの原因になります。

日常的な過食は肥満の元ですが、「少し太めの人はイライラしにくい」というのは、イメージの問題ではなく、理屈にかなっていて、好きなものを食べて楽しく過ごしていた方が、免疫力を高めることにもなるのです。

気持ちを落ち着かせるためには、次のような食の知識が役立ちます。

①緑茶や紅茶に含まれる「テアニン」はリラックス効果がある
②鮭やサバなどの青魚に含まれる「オメガ3脂肪酸」は抗鬱効果が期待できる
③果実に含まれるビタミンCには、ストレスに対する抵抗力を高める効果がある
④牛乳、チーズ、肉、赤身魚、卵、大豆製品には、幸福ホルモンのセロトニンの生成を助ける「トリプトファン」が多く含まれている

注意が必要なのは、こうした効果には、すべて個人差があるということです。

コーヒーなどに含まれるカフェインによって、気持ちが落ち着く人もいれば、逆に神経が興奮する人もいます。

カルシウムを摂取すると、神経が安定する人もいれば、あまり効かない人もいます。

大事なポイントは、これらの栄養素が足りていなければ、摂取すればいいだけのことで、そればかりを取りすぎることは賢明ではありません。

基本的には、無理な我慢をせずに、**自分の好きなものを食べて、栄養状態が足りて**

いることが、身体とメンタルの健康に役立ちます。

【割り切って生きる③】

我慢しないで「いい思い」をする

たくさんの高齢者と向き合ってきて、私が切実に感じているのは、子どもに財産は残せても、**自分にとっての財産は「思い出」しかないんだな**……ということです。

お金はあの世まで持っていけませんが、思い出だけは、亡くなる間際になっても、自分の脳裏に残ります。

人生の最期に思い出しか残らないならば、無理に我慢をしないで、**「いい思いをたくさんした方がいいな」**と考えています。

「あれをやりたかった」とか、「あそこに行きたかった」と思い残すことがありそうならば、今からでも、やることはできます。

現在のプレッシャーや、今やらなければならないことに、焦る必要はありません。**それがうまくいかなくても、長い人生にとっては、たいした問題ではない**からです。

今の一瞬を楽しむことができれば、それが「いい思い出」になって残る……というのが、精神科医としての私の人生観です。

塩分の高いものを食べるとか、私のように毎日ワインを飲む人に対して、多くの医者は、「このままでは長生きできない」といいますが、そんなことは、実際には誰にもわからないことです。

人の体質はそれぞれですから、**今の我慢が必ず報われるとは限りません。**

無理な我慢をせず、幸せに生きて、免疫力が高い人の方が、結果的に長生きするというケースは、いくらでもあります。

あのカーネル・サンダースは、90歳まで長生きしているのです。

将来の幸せを考えても、それがどうなるかは誰にもわかりませんが、**今、目の前にある、「食べたいもの」、「飲みたいもの」、「やりたいこと」を我慢せずに楽しむ幸せは確実にあります。**

我慢しないで「いい思い」をすることの積み重ねが、自分の人生を楽しく、豊かなものにしてくれるのです。

第4章のまとめ

◎うまくいく人がやっている「割り切る」習慣

Part1 「人間関係」の割り切り方

①利害関係がない人は気にしない
②みんなに好かれようと思わない
③無理して「緊張」を隠さない

Part2 「発想」の割り切り方

①今は負けても、次に勝てばいい
②「今を楽しむ」ことを優先する
③自分を「大きく見せよう」としない
④自分一人で抱え込まない
⑤「参照点」を低くする

Part3 「日常生活」の割り切り方

①「睡眠不足」を気にしすぎない
②自分が食べたいものを食べる
③我慢しないで「いい思い」をする

おわりに

緊張や不安の感情は工夫次第でコントロールできる

緊張や不安、焦りが起こる原因は、自分の「欲望」の強さが関係しています。「絶対に成功しなければならない」とか、「絶対に失敗は許されない」と考えてしまうと、肩にチカラが入るだけでなく、交感神経が優位な状態になって、血圧が上昇したり、胸がドキドキしたりします。

それを自覚すると、気持ちが落ち着かなくなって、平常心を保てなくなってしまうのです。

誰でも経験があると思いますが、**「思い入れ」や「思い込み」が強ければ強いほど、気持ちが動転して、緊張や不安が起こりやすくなります。**

そんな状況に直面したら、何度か深呼吸でもして、自分の欲望と向き合う勇気を持つことが大切です。

「これだけは絶対に失敗できない」というような緊迫した場面は、私たちの日常にどのくらいあると思いますか？

人生のターニングポイント（分岐点）となるほどの重大な局面は、それほど多くはないはずです。

重大な局面でもないところで、「絶対に失敗できない」と思い詰めてしまうと、日常が緊張と不安の連続になります。

緊張と不安の日々が続くと、最悪のシナリオばかりが思い浮かんできて、心身のバランスを崩したり、メンタルにダメージを受けることになるのです。

私が本書を執筆した一番の理由は、緊張や不安を生み出す心の仕組みや、考え方の偏りなどをお伝えすることで、平常心が保てなくなる原因の解像度を上げて、その対処法を紹介することにあります。

気持ちが落ち着かなくなる原因がわかれば、事前に準備を進めたり、リハーサルをするなど、具体的な対策を講じることができます。

その原因がクリアできそうもなければ、失敗した後のソリューションを用意することで、平常心を維持することができます。

本文で詳しくお伝えしてきましたが、緊張や不安に振り回されない心を作るためには、**「変えられるもの」と「変えられないもの」を見極めて、自分でコントロールする**……という視点を持つことが大切です。

自分の感情というのは、工夫次第で、自分でコントロールできるものなのです。

「次のチャンスが得られるか？」を判断基準にする

「絶対に成功しなければならない」とか、「絶対に失敗は許されない」と考えていても、世の中は、何が起こるかわかりません。

どんなに努力をしても、うまくいかないことはあります。
無理だと思っていたことが、思いもよらず、うまくいくこともあります。

うまくいけば、何も問題はありませんが、**大事なのは、うまくいかなかったときに、どう考えて、どのように行動するか……**にあります。

絶望して、歩みを止めたのでは、事態が好転することはありません。
ポイントとなるのは、「次のチャンスが得られるか？」を判断基準にすることです。

失敗やミスをしても、**次の機会が得られるならば、努力と工夫次第で、リカバリーすることは可能です。**

チャンスが与えられない状態ならば、「どうすれば、次の機会が与えられるのか？」を考えて、次の視点を持って行動することが大切です。

①自分の「強み」と「弱み」を理解して、足りないスキルを補う
②最新の情報を集めて、考え方と知識をアップデートする

③前向きな気持ちで、トライアンドエラー（試行錯誤）を繰り返す

大事なのは、緊張や不安、焦りの感情に翻弄されず、前を向いて歩き続ける気持ちを維持することです。

本書がそのための一助となれば、筆者としても、精神科医としても、これほど嬉しいことはありません。

カバーデザイン
金澤浩二

本文デザイン・DTP
鳥越浩太郎

カバーイラスト
雪下まゆ

編集協力
関口雅之

[著者略歴]
和田秀樹（わだ・ひでき）
1960年大阪府生まれ。1985年東京大学医学部卒業。東京大学医学部附属病院精神神経科助手、アメリカ・カール・メニンガー精神医学学校国際フェローを経て、現在は精神科医。和田秀樹こころと体のクリニック院長。立命館大学生命科学部特任教授。一橋大学非常勤講師。川崎幸病院精神科顧問。
著書に『感情的にならない本』『70歳が老化の分かれ道』『80歳の壁』『なぜか人生がうまくいく「明るい人」の科学』『なぜか人生がうまくいく「優しい人」の科学』など多数。

仕事《しごと》も対人関係《たいじんかんけい》も
落《お》ち着《つ》けば、うまくいく

2025年1月1日　　初版発行

著　者　　和田秀樹

発行者　　小早川幸一郎

発　行　　株式会社クロスメディア・パブリッシング
〒151-0051 東京都渋谷区千駄ヶ谷4-20-3 東栄神宮外苑ビル
https://www.cm-publishing.co.jp
◎本の内容に関するお問い合わせ先：TEL（03）5413-3140／FAX（03）5413-3141

発　売　　株式会社インプレス
〒101-0051 東京都千代田区神田神保町一丁目105番地
◎乱丁本・落丁本などのお問い合わせ先：FAX（03）6837-5023
service@impress.co.jp
※古書店で購入されたものについてはお取り替えできません

印刷・製本　　中央精版印刷株式会社

 ISBN978-4-295-41047-8　C2034